数字经济时代高校毕业生灵活就业相关问题研究

喻 艳 ◎著

中国纺织出版社有限公司

内 容 提 要

本书着眼于数字经济时代高校毕业生灵活就业现象，首先对数字经济时代劳动就业市场面临的机遇和挑战进行论证。在此基础上，对数字经济时代高校毕业生灵活就业趋势进行了详细分析。其次，对数字经济时代高校人才培养模式、就业指导教育的改革与创新进行了研究，并针对高校毕业生灵活就业人员劳动关系的认定、劳动权益保障等相关问题进行了解读。最后，针对数字经济时代如何构建高校灵活就业生态系统进行了探索与研究。

本书理论翔实、逻辑清晰，适合高校师生或对高校毕业生灵活就业感兴趣的读者阅读。

图书在版编目（CIP）数据

数字经济时代高校毕业生灵活就业相关问题研究 / 喻艳著. -- 北京 : 中国纺织出版社有限公司, 2023.2

ISBN 978-7-5229-0326-2

Ⅰ. ①数… Ⅱ. ①喻… Ⅲ. ①高等学校－毕业生－就业－研究－中国 Ⅳ. ① G647.38

中国国家版本馆 CIP 数据核字 (2023) 第 023140 号

责任编辑：赵晓红　　责任校对：王蕙莹　　责任印制：储志伟

中国纺织出版社有限公司出版发行

地址：北京市朝阳区百子湾东里 A407 号楼　邮政编码：100124

销售电话：010—67004422　传真：010—87155801

http：//www.c-textilep.com

中国纺织出版社天猫旗舰店

官方微博 http：//weibo.com/2119887771

北京虎彩文化传播有限公司印刷　各地新华书店经销

2023 年 2 月第 1 版第 1 次印刷

开本：787×1092　1/16　印张：13

字数：208 千字　定价：89.90 元

前　言

数字经济时代，随着互联网信息技术、大数据技术、人工智能技术等技术的发展，颠覆了人类传统的生产和生活方式，正在开创全新的经济格局。一方面，数字技术成为社会经济发展的主要动力，推动着数字产业的快速发展；另一方面，数字技术带来的变革突破了互联网产业的界限，扩展至传统农业、工业和服务业领域，对传统经济的生产模式、供应链、价值链、营销链、服务链等均产生了较大冲击，新的市场和服务模式出现并不断发展，有力地推动着社会就业形态的创新和新职业的出现。

数字经济时代，灵活就业成为企业主要的用工方式之一，推动着高校就业朝着灵活化、多元化的方向发展。根据国家统计局相关数据统计，截至2021年年底，我国灵活就业者已达2亿人，占我国总人口的1/7，其中包括大量高校毕业生，且高校毕业生从事灵活就业的趋势仍处于上升态势。数字经济时代的灵活就业与传统灵活就业之间存在着本质区别，用工形态呈现出多样化的态势，高校毕业生灵活就业者面临着诸多机遇与挑战。

本书是一本与高校毕业生灵活就业相关的书籍。第一章，从数字经济时代的概念与特点、数字经济时代对社会劳动的影响研究、数字经济时代高校毕业生面临的就业机遇与挑战三个方面对数字经济时代的劳动形态进行了概述。第二章，从高校毕业生灵活就业发展趋势、高校毕业生自主创业发展趋势、社会对高校毕业生灵活就业的接纳度研究三个方面对数字经济时代高校毕业生灵活就业发展趋势进行了研究。第三章，从成就需要理论、职业生涯发展理论、马克思主义劳动价值观理论三个方面对数字经济时代高校毕业生灵活就业的理论基础进行了研究。第四章，从数字经济时代高校人才培养模式的发展趋势、数字经济时代高校人才培养模式的理念创新、数字经济时代高校人才培养模式的路径创新三个方面对数字经济时代高校人才培养模式进行了研究。第五章，从高校大学生就业指导教育概述、数字经济时代高校毕业生就业观教育创新、数字经济时代高校就业指导服务体系的完善与创新三个方面对数字经济时代高校就业指导教育进行了研究。第六章，从数字经济时代高校毕业生劳动关系认定面临的挑战、数字经济时代高校毕业生社会权益保障面临的挑战、数字经济时代高校毕业生社会权益保障体系的重构三个方面对数字经济时代高校毕业生灵活就业社会权益保障进行了研究。第七章，从高校公共服务体系的构建与完善、政府公共服务体系的构建与完善、社会公共服务体系的构建与完善三个方面对数字经济时代高校毕业生灵活就业生态体系的构建与完善进行了详细研究。

本书理论翔实、逻辑清晰，适合高校师生或对高校毕业生灵活就业感兴趣的读者阅读。

喻 艳

2023 年 1 月

目　录

绪　论

一、研究现状及研究价值

20世纪90年代以来，以网络技术为主导的数字经济的兴起和发展，给人类社会带来了全方位的变革。数字经济时代，随着高校毕业生灵活就业规模的扩大，对高校人才培养模式、就业指导教育、我国劳动保障制度等提出了一系列挑战。

数字经济时代，高校毕业生的职业选择越来越丰富，就业方式呈现出多样化的趋势。其中，灵活就业成为许多毕业生的选择。

（一）国内外研究现状述评

近年来，随着数字经济时代新业态经济的发展以及灵活就业规模的扩大，越来越多的国内外学者开始对数字经济时代的灵活就业和灵活用工进行学术研究，并发表了一系列相关的学术成果。

国外学者的研究大多集中于数字经济时代的灵活就业趋势。例如，牛津大学莫德林学院教授杰里米亚斯·普拉斯（Jeremias Prassl）《零工经济的未来》、美国考夫曼基金会资深研究员黛安娜·马尔卡希（Diane Mulcahy）《零工经济：推动社会变革的引擎》、莎拉·凯斯勒《零工经济：传统职业的终结和工作的未来》等。这些著作大多集中于对数字时代灵活就业现象进行分析，但并未专注于对高校毕业生灵活就业进行分析。

国内学者的研究范围则相对较为广泛，根据研究内容大体可划分为三种类型。

第一种类型，着眼于对社会灵活就业和灵活用工的研究。这类著作包括《中国灵活用工发展报告（2021）：组织变革与用工模式创新》《新经济新业态新工作　中国灵活用工发展报告（2022）：多元化用工的效率灵活性与合规》《灵活就业：数字经济浪潮下的人与社会》《零工经济：新经济时代的灵活就业生态系统》《数字游民时代：零工经济下“斜杠青年”零成本创业的新常态》《就业变革：数字商业与中国新就业形态》等。

第二种类型，着眼于对数字经济时代灵活就业政策的研究。这类著作包括《支持新就业形态发展的就业政策研究》《信息时代高校创业教育体系研究》《基于“互联网+大数据”的高校就业信息化建设》等。

第三种类型，则着眼于高校毕业生灵活就业问题的研究。这类著作大多以论文形式出现，主要包括《高校毕业生灵活就业问题与对策研究——以大同市为例》《山西省高校毕业生灵活就业问题研究》《大学生灵活就业中的政府行为研究》《大学生灵活就业与社会支持体系研究：以W市四所高校大学生群体为例》《我国大学生在灵活就业状态下的社会保险问题研究》等。

（二）理念价值或实际应用价值

现阶段，国内外学者对数字经济时代灵活就业的研究范畴，大多辐射社会各个群体，并非专门针对高校大学生群体，而着眼于高校毕业生灵活就业问题的相关论文大多只针对某一方面的问题进行研究，缺乏系统分析。

本书则针对数字经济时代高校毕业生灵活就业的概念、特点、趋势，以及高校毕业生灵活就业相关的人才培养模式、就业指导教育、劳动关系、社会保障、生态系统的构建等进行详细而系统的分析与论述，具有开风气之先的重要价值。

二、研究内容及研究方法

（一）研究内容

1.研究的基本思路

本书旨在从数字经济时代高校毕业生灵活就业的影响视角，对高校毕业生灵活就业的相关问题进行分析。高校毕业生灵活就业趋势反映了数字经济时代的社会用工要求，对高校人才培养、就业指导、社会劳动关系、社会保障体系等方面均产生了较大影响。

2.研究的主要观点

数字经济时代高校毕业生灵活就业趋势对高校的人才培养模式和就业指导教育提出了新的要求。为了适应高校毕业生灵活就业趋势，高校应对人才培养模式和就业指导教育进行创新，以适应数字经济时代社会经济形态的需要。

数字经济时代高校毕业生灵活就业趋势对我国现阶段劳动合同法律法规，以及社会保障政策提出了新的要求。数字经济时代高校灵活就业生态系统的构建需要政府、用工单位、高校毕业生群体的共同努力。

（二）研究方法

1. 文献法

通过对 21 世纪以来数字经济时代灵活就业相关学术论文、硕博论文、书籍等资料的整理、编辑加以例证，为本书所需解决的问题提供了大量翔实的资料。

2. 归纳法

通过对数字经济时代灵活就业进行系统研究，分析与归纳出数字经济时代高校毕业生灵活就业发展的趋势。此外，在对数字经济时代高校人才培养模式、就业指导教育的改革与创新进行研究的基础上，针对数字经济时代如何构建高校灵活就业生态系统进行了探索与研究。

3. 案例法

本书撰写过程中采用了理论与实践相结合的方法，不仅对数字经济时代高校毕业生灵活就业的相关理论基础进行了分析，还通过大量的案例，有针对性地对数字经济时代高校毕业生灵活就业的相关方面进行了详细而深入的分析和解读。

三、创新之处

（一）观点新

本书通过对数字经济时代高校毕业生灵活就业趋势、对高校和社会的相关问题的影响进行分析，提出了构建数字经济时代高校毕业生灵活就业生态体系的具体路径。

（二）论据新

本书的论据和材料主要为近年来高校发布的毕业生就业质量报告，通过对不同类型、不同地域的高校毕业生就业质量报告的分析，对我国高校毕业生灵活就业趋势进行实证分析。

（三）视角新

本书所采用的研究视角是一种系统性视角，既包括对数字经济时代高校毕业生灵活就业的宏观研究，也包括微观研究（具体案例研究），力争全面地反映数字经济时代高校毕业生灵活就业的原因、发展和新趋势。

第一章　数字经济时代概述

第一节　数字经济时代的概念与特点

"数字经济"一词是人类社会继农业经济、工业经济之后的一种全新的经济社会发展形态。

20世纪90年代以来，受社会科技、经济及社会环境等因素的影响，社会进入数字经济时代。本节主要对"数字经济""数字经济时代"的概念、特点，以及数字经济时代的发展与演进进行概述。

一、"数字经济"时代的概念及类型

（一）数字经济、数字经济时代的概念

"数字经济"这一概念是于1995年由加拿大商业战略大师唐·泰普斯科特（Don Tapscott）在其经济学著作《数据时代的经济学》（*The Digital Economy*）中提出的。1998年，美国商务部出版了《浮现中的数字经济》报告。2015年，OECD（organization for economic co-operation and development，经济合作与发展组织）出版了《OECD数字经济展望2015》，在世界范围内产生了深远的影响。

数字经济作为一个新生事物，各国学者对数字经济概念的表述并不统一。

2001年，美国经济学家托马斯·梅森伯格（Thomas Mason Berg）将数字经济定义为三大类，即电子业务基础设施（e-business infrastructure）、电子业务（e-business）以及电子商务（e-commerce）。

康·塔普斯科特在其《数字经济时代》一书中指出：信息技术的革新掀起新时代的数字革命，将彻底改变经济增长方式以及世界经济格局，带领企业进入数字经济时代。

2016年，G20（group of twenty finance ministers and central bank governors）杭州峰会公布《G20数字经济发展与合作倡议》，其中指出，数字经济是以使用数字化的知识和信息作为关键生产要素、以现代信息网络作为重要载体、以信息通信技术（ICT）的有效使用作为效率提升和经济结构优化的重要推动力的一

系列经济活动[1]。

笔者认同这一概念。数字经济是互联网发展到成熟阶段后产生的经济形态，作为一种经济社会形态，人类应当站在历史视角来看待数字经济时代的产生、发展，以及对未来社会产生的深远影响。数字经济时代是指以数字经济技术作为主要技术形态的经济时代。

（二）数字经济的类型

数字经济根据所依托的技术可以划分为五种类型。

1. 基础型数字经济

基础型数字经济在这里主要是指信息产业，信息产业是数字经济的重要类型，也是数字经济的内核。

2. 融合型数字经济

融合型数字经济是指以信息采集、传输、存储、处理等信息设备融入传统产业中的各个环节，从而形成新的生产组织方式，推动传统产业中的信息资本存量带来的产出增长份额。

3. 效率型数字经济

信息通信技术的应用和普及，推动生产效率的提高，促进全要素生产率提高而带来的产出增长份额，即构成效率型数字经济。

4. 新生型数字经济

随着信息技术的发展，不断出现新技术、新产品、新业态，即构成新生型数字经济。

5. 福利型数字经济

信息通信技术普及带来的消费者剩余和社会福利等正能量的外部效应，即构成福利型数字经济。

二、数字经济时代的特征及商业模式

数字经济是一种全新的经济形态，具有可持续性、边际效益递增性、高渗透性等特点，数字经济的这些特点对数字经济时代的特征和商业模式产生了极其重要的影响。

---

[1] 易高峰：《数字经济与创新管理实务》，北京，中国经济出版社，2018：12。

（一）数字经济时代的特征

数字经济时代以数字经济作为依托，与传统经济形式相比具有较强的虚拟性、开放性、无限性和指数性的特点。

1. 数字经济时代的虚拟性、共享性、开放性、即时性特征

数字经济时代的虚拟性特征是由数字技术的虚拟性决定的，数字技术与计算机技术的产生和发展密不可分，它借助一定的设备将图像、图形、音频、视频、文字等资料转换为由“0”和“1”组成的数据，即计算机可识别的通用语言，再对它们进行压缩、存储等处理后以高速进行传播，到了终端，可以无二致地还原出来，用户可以看到这些信息原本的效果。

数字技术打破了传统物理空间的概念，拓展了虚拟空间，使经济活动可以在虚拟空间和现实物理空间之间进行更替和转换。此时的经济运行、要素流动已经超越了传统物质世界而进入虚拟的电子空间，使数字经济也呈现出了鲜明的虚拟性特点。

数字经济的虚拟性特点对传统经济的思想观念、理论、生产方式、行为方式、管理方式等产生了重大冲击。以数字技术作为依托的数字经济，实现了生产与流通的瞬时、跨地域，使数字经济在具有虚拟性特征外，还共生出共享性、开放性、即时性的特征。

2. 数字经济时代的指数性、可复制性、无限性、爆炸性特征

数字技术的本质是以数据作为资源，以创新作为动力，以服务作为方向的经济形式和投入产出体系。了解数字经济时代的特征，必须充分认识和把握数据的特性、产业系统和市场体系状况。

数据具有复制性、可共享、无限供给、无限使用、无限增长的特点。数字时代的数据资源可以重复使用、复制，而且随着数据资源的使用，时空边界也在不断延伸。数字经济时代的数据资源规模巨大，数据开发利用的潜力无限，为社会经济发展提供了强大的支撑。因此，以数据作为资源的数字技术的快速发展能够大幅提升单位时间内的运作效率，在短时间内积累或释放出巨大的能量。数字技术的这一特点使数字时代的科技企业或新兴电商能够在短短几年的发展中迅速扩大规模，获得巨大产值，甚至超越众多传统行业的龙头企业。

数字时代的产业系统、市场体系建立在数据资源的基础上，具有较强的创新活力，随着市场信息的对称性不断完善，社会产销、供需得以趋向精准对接，消费需求日益提升，使得数字经济呈现出指数增长和倍增效应。数字经济时代以数字技术作为依托的企业利用网络吸引客户，能够快速地实现规模经济，呈现出无

限性、爆炸性特征。

3. 数字经济时代的多样性、分散性、精准性、公平性特征

数字技术开创了虚拟空间和平台经济，随着大数据、云计算等数字技术的发展与应用，企业能够对客户进行精准刻画，为了满足消费者的个性化、多样化需求，企业逐渐从规模化生产朝着分散性、个性化定制的方向转变，从而使数字经济表现出鲜明的多样性、分散性、精准性、公平性的特征。

4. 数字经济时代的可达性、互通性、渗透性、跨越性、均衡性特征

数字技术的虚拟性使得数据资源可以在瞬间到达各个数据终端，实现跨地区和跨空间的发展，消除了地理、空间对经济活动的制约，降低了经济交易的成本，极大地提升了实体空间的可达性，打破了实体经济原有的等级阶层联系，朝着新的平等共享式互动发展的方向转移，在此基础上建立了新的无限纵横交错的空间网络，使得数字经济呈现出可达性、互通性、渗透性、跨越性、均衡性的特征。

（二）数字经济时代的商业模式

数字经济时代，数字技术的不断发展、更新迭代，颠覆了传统社会生产和生活方式，推动着企业商业模式朝着网络化、智能化、数据化的方向发展，呈现出全新的商业模式。

1. 共享经济商业模式

共享经济商业模式是指人们将闲置的商品、人才、服务或其他资源通过一定的渠道实现资源重新配置的一种经营方式。共享经济的本质特征是数据资源共享。共享经济商业模式以共享平台作为依托，消费者与服务者之间借助共享平台建立信任关系，从而实现消费与服务。

共享经济商业模式的基础是供需双方信任关系的建立，因此共享经济商业模式的良好发展需要政府职能部门加强对平台企业的监督和监管，加强平台企业的法治建设，建立和健全社会信用平台体系，从而为共享经济商业模式创建良好的社会运营和发展环境。

2. C2M 模式

C2M 模式又可称为顾客对工厂模式，这种商业模式省略了物流、经销商、分销商等中间环节，实现了顾客与工厂的直接连接。C2M 模式以数字技术作为依托，使得传统工厂和创业企业能够直接面对顾客，形成以顾客为中心的服务体系，通过洞察顾客的个性化、多样化需求，为顾客提供便捷的个性化、多样化产品。

3.“网红”经济商业模式

“网红”经济商业模式是一种定向营销的经营模式，“网红”经济商业模式以“网络红人”作为主题，以围绕在“网络红人”四周的庞大的“粉丝”群体作为依托在网络媒体上进行营销，将“粉丝”群体从虚拟的数字资源转化为具有现实商业价值的资源。

“网红”经济商业模式不同于传统的经销模式，其传播成本较低，且以“网络红人”作为核心资源，以“粉丝”的忠诚度为基础，能够起到在短时间内快速曝光品牌、提升品牌知名度的目的。

值得注意的是，“网红”经济商业模式的发展周期较短，所产生的经济效应较低，且“网红”经济商业模式以产品品质、服务质量为核心，如果不注重提升产品品质和服务质量、优化网络运行环境，那么“网络红人”通常如同昙花一现，转瞬即逝。

综上所述，数字经济时代，数字技术的发展与应用对社会传统的生产方式、消费方式、生活方式产生了颠覆性影响，催生了新的商业模式，对社会生产组织方式和企业分工产生了深刻的影响。

第二节　数字经济时代对社会劳动的影响研究

数字经济时代，社会生产方式发生了改变，相应的社会劳动形式也发生了一定变化，产生了众多新型经济业态。本节主要对数字经济时代对社会劳动的形式、特点进行研究。

一、数字经济时代对社会劳动形态的影响

数字经济时代，以信息化技术为代表的数字技术的发展以及普及直接推动着社会生产方式的变革。

数字经济时代中的信息通信、人工智能、机器人、云计算、大数据、3D 打印等技术的快速发展极大地推动了社会生产方式的变革，对传统的生产组织方式产生了较大冲击，引发了社会生产组织、生产过程和产品的全方位变革，对社会生产进行了重构，促使社会劳动形态从传统的生产劳动朝着数字化劳动转型。

劳动形态是指劳动力与生产资料相结合的方式。具体来说，劳动形态包括两层含义，第一层含义是指劳动者运用劳动力和劳动资料作用于劳动对象，创造使用价值时的具体方式、样式和状态。第二层含义则是指劳动的社会形成，即劳动者在生产过程中所处的地位和作用[❶]。

本书所指的“劳动形态”侧重于第一层含义。劳动是人类生存和发展的必要性活动。自人类诞生以来，伴随着社会经济的发展，社会劳动形态发生了多次变化（表 1–1）。

表 1–1　人类社会劳动形态发展和变迁一览表

历史时代	劳动形态	劳动功能
原始采摘渔猎经济时代	简单劳动分工，未附带其他价值	满足社会的物质需求
农业经济时代	劳动分工细化为体力劳动和脑力劳动	在满足社会物质需求的同时，满足社会组织需求，开创了人类的农业文明
工业经济时代	社会劳动分工更加细化，以机器生产作为动力，创造了工业发展奇迹	满足社会物质需求、组织需求的同时，开创了人类的工业文明
数字经济时代	以数字劳动的方式创造价值，劳动生产符号化	满足社会物质需求、组织需求的同时，开创了人类的数字文明

数字经济时代的劳动形态可以划分为两大类型，即有偿数字劳动和无酬数字劳动。其中，有偿数字劳动又可细分为互联网专业劳动、网络众包平台中的数字劳动两种类型；无酬数字劳动则主要包括受众劳动和玩乐劳动。

（一）有偿数字劳动

有偿数字劳动是指劳动者的劳动价值以货币进行衡量，劳动者付出劳动后应获得相应的货币价值。

❶ 汪啸风:《市场经济大辞典》，长沙，湖南出版社，1994：49。

1. 互联网专业劳动

互联网专业劳动是指从事互联网技术为依托的劳动。例如，在互联网企业中从事软件开发、运营与维护，数据采集、分析及处理，媒介内容创作、加工和传播等技术性较强的工作。互联网专业劳动大多仍然处于传统的雇佣关系框架下，属于广义上的数字劳动范畴。

进入21世纪以来，尤其是随着互联网信息技术、大数据技术、人工智能技术、云计算技术等数字技术的发展与应用，许多传统产业在发展过程中被迫引入数字技术和数字化时代的劳动管理方式，从而不断拓展数字化劳动范畴。互联网专业劳动，虽然具备传统劳动关系的要素，但是其属于有偿数字劳动形态范畴，且是数字劳动形态的主要表现形式之一。

2. 网络众包平台中的数字劳动

“众包”一词于2006年由美国记者杰夫·豪（Jeff Howe）首次提出，其是指企业或组织通过网络将员工任务以自由自愿的形式外包给大众志愿者的行为。随着社会步入数字经济时代，越来越多的企业借助数字技术和互联网劳动平台通过众包模式在特定范围内寻求劳动力，从而将任务外包给大众的一种劳动形态。

网络众包平台中的数字劳动大体可划分为四种类型。

（1）网页点击、作品点赞、商品归类、关键词搜索等枯燥单一的重复性工作。这些工作对技能要求低，且不限时间和空间，对劳动者的年龄和学历没有要求，因此可以在全球范围内招募劳动者。

（2）线上和线下交互融合的数字劳动。例如，依托互联网劳动平台的网约车司机、家政服务员、外卖配送员等。这些数字劳动者通过接受互联网劳动平台分配的消费者订单，在线下为消费者提供相应的服务。

（3）依托线上专业众包平台的数字劳动。例如，威客网站上发布的图标设计、品牌策划、文案创作等工作，要求劳动者具备相应的专业能力。通常劳动者在威客网站上接单并在线为客户提供服务，属于纯粹的线上劳动形态。

（4）线上专业服务平台的数字劳动。例如，外语课程学习平台或线上医疗平台招募具有专业能力的劳动者为客户提供相应的服务，此类众包劳动者主要从事在线教学或在线问诊工作。

（二）无酬数字劳动

无酬数字劳动是一种有别于有偿数字劳动的特殊数字劳动形态。从劳动雇佣关系视角看，无酬数字劳动中的劳动者和数字媒介公司之间并不存在鲜明的雇佣关系，劳动者在无形中为数字媒介公司创造了利润，然而却无法获得相应的报酬。数字经济时代的无酬数字劳动形态具体又可划分为受众劳动和玩乐劳动两种类型。

1. 受众劳动

“受众”是一个传播学概念，是传播对象的统称。数字经济时代，传播方式发生了巨大变化，依托数字科技的数字传播成为大众传播的主要方式，数字经济时代受众群体的构成也发生了相应变化，网络用户成为数字传播平台的主要受众群体。

网络用户通过在数字网站或应用平台进行免费或付费性的浏览、阅读、观看、收听等一系列具有消费性质的媒介活动以获取相关信息。网络用户的这一行为被纳入数字网站或应用平台的资本积累之中。数字网站或应用平台通过对网络用户的行为痕迹数据进行分析以获得网络用户的消费习惯和消费需求，并借助云计算等技术精准划分受众群体并向其投放精准广告。

2. 玩乐劳动

“玩乐劳动”这一概念是由尤里安·库克里奇（Julian Kcklich）提出的。“玩乐”通常用于形容休闲活动，“劳动”与“玩乐”在农业经济时代和工业经济时代属于对立概念，然而，在数字经济时代，“玩乐”和“劳动”两个概念却联系起来。

网络用户在游戏、短视频等娱乐类数字应用平台上进行玩乐、内容创作、漏洞修改等活动时，网络用户的行为在无形中丰富了娱乐类数字应用平台的内容，为娱乐类数字应用平台吸引了大量潜在用户，直接或间接地降低了此类平台的研发与宣传成本，提升了其产业价值，成为娱乐类数字应用平台企业乃至相关产业资本积累和增值的重要来源。

然而，网络用户在娱乐类数字应用平台上的这些生产性行为却无法得到平台企业的报酬，属于“无酬劳动”。

无论是有偿劳动还是无酬劳动，数字经济时代的劳动形态呈现出从传统生产劳动朝着数字化劳动的方向转型，而全新劳动形态的出现推动了社会新职业的崛起，如大数据分析师、人工智能算法工程师、物联网工程师等。

自《中华人民共和国职业分类大典（2015 年版）》颁布以来，截至 2022 年 6 月 30 日，中华人民共和国人力资源和社会保障部已发布了五批新职业（表 1–2）。

新职业是受数字经济时代劳动新形态的影响而兴起的，大量新职业的出现，反过来又不断推动数字经济时代劳动形态朝着数字化转型。

表 1-2　2015 年以来国家公布的新职业一览表

第一批	第二批	第三批	第四批	第五批
1. 人工智能工程技术人员 2. 物联网工程技术人员 3. 大数据工程技术人员 4. 云计算工程技术人员 5. 数字化管理师 6. 建筑信息模型技术员 7. 电子竞技运营师 8. 电子竞技员 9. 无人机驾驶员 10. 农业经理人 11. 物联网安装调试员 12. 工业机器人系统操作员 13. 工业机器人系统运维员	1. 智能制造工程技术人员 2. 工业互联网工程技术人员 3. 虚拟现实工程技术人员 4. 连锁经营管理师 5. 供应链管理师 6. 网约配送员 7. 人工智能训练师 8. 电气电子产品环保检测员 9. 全媒体运营师 10. 健康照护师 11. 呼吸治疗师 12. 出生缺陷防控咨询师 13. 康复辅助技术咨询师 14. 无人机装调检修工 15. 铁路综合维修工 16. 装配式建筑施工员	1. 区块链工程技术人员 2. 城市管理网格员 3. 互联网营销师 4. 信息安全测试员 5. 区块链应用操作员 6. 在线学习服务师 7. 社群健康助理员 8. 老年人能力评估师 9. 增材制造设备操作员	1. 集成电路工程技术人员 2. 企业合规师 3. 公司金融顾问 4. 易货师 5. 二手车经纪人 6. 汽车救援员 7. 调饮师 8. 食品安全管理师 9. 服务机器人应用技术员 10. 电子数据取证分析师 11. 职业培训师 12. 密码技术应用员 13. 建筑幕墙设计师 14. 碳排放管理员 15. 管廊运维员 16. 酒体设计师 17. 智能硬件装调员 18. 工业视觉系统运维员	1. 机器人工程技术人员 2. 增材制造工程技术人员 3. 数据安全工程技术人员 4. 退役军人事务员 5. 数字化解决方案设计师 6. 数据库运行管理员 7. 信息系统适配验证师 8. 数字孪生应用技术员 9. 商务数据分析师 10. 碳汇计量评估师 11. 建筑节能减排咨询师 12. 综合能源服务员 13. 家庭教育指导师 14. 研学旅行指导师 15. 民宿管家 16. 农业数字化技术员 17. 煤提质工 18. 城市轨道交通检修工

二、数字经济时代对劳动对象的影响

数字经济时代不仅对劳动形态产生了极其重要的影响，而且对劳动对象也产生了重要的影响。农业经济时代和工业经济时代，劳动对象通常为物质形态的资料。例如，农业经济时代的劳动对象是土地等天然资源，工业经济时代的劳动对象是自然界的矿藏或待加工的原材料等物质，而数字经济时代的劳动对象则是数据、信息、知识、情感、关系等非物质形态的资料。

数字经济时代，信息通信、大数据、云计算和人工智能等先进的科学技术大多以信息数据为技术处理对象和技术表现方式，而随着数字技术的大规模普及，对传统劳动形态和新形态均产生了重要的影响。

传统劳动形态受数字科技的影响，正在经历着剧烈变革。以工业生产为例，传统的工业生产模式中，大量工人位于生产一线，从事产品生产和加工劳动。数字经济时代，随着工业机器人的快速迭代发展，大量生产一线的工人被工业机器取代，工人退居二线，通过对工业机器人和工业互联网等生产资料的操控、协调及维护和管理，保障工厂生产。

此外，受数字科技的影响，传统的工业生产正在朝着生产性服务的方向变革，使得非物质的工业生产性服务产品成为工业产品构成的主要部分，推动劳动对象从物质形态朝着非物质形态转变。

除了工业生产之外，在服务业，劳动对象也呈现出鲜明的非物质化特征。数字经济时代，消费者的消费方式发生了颠覆性的变化，随着线上各种消费平台的出现，消费者的消费方式逐渐从线下转移至线上。

受消费方式变革的影响，传统服务业为了满足消费者的需求，开辟了高效数字化服务平台。借助网络主播、网约车司机等新职业为线上平台的消费者服务。此外，数字经济时代以数字技术作为依托，出现了大量非物质化的消费需求。例如，人们对知识、信息、情感等方面的新需求，催生了网络平台上大量非物质劳动对象和产品的出现。

三、数字经济时代对劳动资料的影响

劳动资料是指劳动过程中除劳动对象以外所必需的一切物质条件。其中包括直接把劳动传导到劳动对象上的劳动工具或工具机和间接为劳动发挥作用创造条件的其他物质资料❶。劳动资料既是人类劳动力发展的测量器，也是劳动借以进行的社会关系的指示器。

劳动资料随着社会生产力的演变而产生相应的演变，是劳动形态变革的特征所在，也是劳动者同劳动产品之间关系的重要中介。数字经济时代对劳动资料产生了巨大的影响，推动劳动资料朝着智能化、数字化变革，改变了劳动作用于劳动对象的方式。

---

❶ 谭跃湘:《现代微观劳动价值论》，长春，吉林文史出版社，2018：100。

数字经济时代，劳动资料的智能化、数字化包括劳动工具智能化、能源动力智能化等。劳动工具智能化在工业生产领域主要体现在从半自动化的生产机器朝着计算机化智能机器、计算机化智能机器体系的方面发展。

以智能机器人为例。智能机器人在劳动技能上具备超越人类的精准性、高效性，还具备模仿人类智能的自主性、决策能力，以及综合控制能力，无论是体力劳动方面还是脑力劳动方面均具有较大优势。智能机器人的应用范围极其广泛，不仅可以应用在工业生产领域，而且可以应用于服务领域，根据行业类型和职业特点进行生产和服务。

劳动资料的智能化、数字化，不仅极大地推动了生产力的发展，还对生产过程和劳动关系产生了极其重要的影响（表 1–3）。

表 1–3 劳动资料对社会生产过程和劳动关系的影响一览表

项目	影响
劳动生产过程影响	1. 劳动投入：数据成为新型战略资源，推动劳动资料升级迭代
	2. 劳动生产：计算机化智能机器体系极大地提高了劳动生产效率
	3. 劳动流通：数字平台多领域扩张，极大地提高了资本与劳动的配置效率和商品的交换效率
劳动关系影响	1. 生产体系自动化、智能化加深了资本对劳动的强制
	2. 数字平台表面的交换自由掩盖了资本对劳动的支配
	3. 资本占有并利用用户数据实现对消费的控制进而强化对劳动的支配
	4. 加剧了分配领域劳资力量的失衡

四、数字经济时代对劳动价值的影响

数字经济时代不仅对劳动形态、劳动对象、劳动资料产生了巨大的影响，而且对劳动价值创造的形式产生了重要的影响。

传统劳动形态下，劳动者的劳动对象具有物质化的特点，劳动者借助生产工具，对物质化的原材料和半成品进行生产、加工或服务活动。劳动产品同样具有物质化的特点，劳动价值创造呈现出显性化的特点。数字经济时代，劳动资料朝着智能化体系的方向发展，劳动对象从物质化朝着非物质化发展。

以数字经济时代的工业生产为例。在工业生产中，一线生产越来越多地被智能机器人所替代，劳动者退居二线，通过对机器人、工业网络的操控来控制生产环节。劳动对象在劳动过程中所创造的价值越来越少地直接作用于产品，体现出鲜明的劳动价值隐性化的特点。

除了工业生产之外，在服务领域，劳动资料多以知识、信息等方式体现出来，劳动价值也存在较强的隐性化特点。

值得说明的是，无论是传统劳动形态还是数字劳动形态，劳动者均为劳动价值创造的主体。智能化和数字化的劳动资料不能完全脱离人类劳动而全面地、有创造性地、有目的地进行生产和服务，只有在人类的监督下才能完成生产和服务。数字经济时代，劳动者在生产和服务中的劳动耗费总量并没有减少，而是从直接作用于物质化生产资料朝着直接作用于智能化生产资料转变，借助智能化生产资料将价值转移到产品和服务中，从而使人类的劳动价值呈现出隐形化的特点（表1–4）。

表1–4　数字经济时代对社会劳动的影响一览表

项目	劳动领域	传统生产劳动	数字经济时代劳动
劳动形态	制造业劳动	在机械化、半自动化和自动化设备辅助下直接作用于原材料和半成品的生产活动	运用数字化或智能化生产设备进行生产活动
	服务业劳动	在特定区域以面对面服务方式来满足消费者需求的活动	以数字劳动平台作为依托为消费者匹配服务需求
劳动对象	制造业劳动	物质原料和半成品原料	信息、数据、流程、制度等
	服务业劳动	在特定时空中的信息、知识、情感、需求	跨时空的信息、知识、情感、需求
劳动产品	制造业劳动	物质化工业产品	非物质化的程序、工业设计、远程生产维护等工业服务类产品
	服务业劳动	面对面的休闲娱乐需求、生活服务需求，以及信息、知识、情感等需求	在线休闲娱乐需求、生活服务需求以及信息、知识和情感需求的产品
劳动资料	制造业劳动	机械化、半自动化和自动化劳动资料	机械手臂、工业机器人、工业互联网等智能化、数字化的劳动资料
	服务业劳动	传统劳动资料	智能手机、数字化平台、服务机器人等智能化劳动资料

续表

项目	劳动领域	传统生产劳动	数字经济时代劳动
劳动价值	制造业劳动	劳动价值的创造显性化，通过工作时长、计件等方式进行衡量	劳动价值的创造具有间接性的特点，借助工业互联网、智能机器人等智能化、数字化的劳动资料转移至产品中
	服务业劳动		劳动价值的创造具有间接性的特点，借助数字化劳动平台、服务机器人等转移至服务中

五、数字经济时代劳动就业的影响

数字经济时代对劳动要素及劳动形态产生了颠覆性的影响，相应地，劳动就业也受到了较大的影响，主要体现在以下几个方面。

（一）对劳动就业方式和就业组织方式的影响

工业经济时代，劳动者和生产资源作为生产的基本要素，其结合形式主要通过市场交易和企业内部管理实现优化配置。劳动者必须借助政府、企事业单位等组织的线下招聘会才能获得就业机会。

数字经济时代，劳动者不再借助线下招聘会，而更多地借助网络平台获得需求方的信息，并且与需求方进行直接沟通。劳动者的就业方式从原来的“劳动者—消费者”“劳动者—企业—消费者”的模式朝着“劳动者—平台—消费者”的方式转变。

（二）对劳动者的就业观念和就业方式的影响

工业经济时代，劳动者与就业单位之间需签订正式劳务合同，合同中对劳动者和企业方的权利与责任进行了详细约定，劳务合同属于劳动者就业的纸质契约，能够最大限度地保障劳动者和就业单位双方的权益。

数字经济时代，劳动者的就业观念和就业方式更加灵活化。企业为了更好地适应数字经济时代的市场需求，降低用工成本，采用分包、转包、众包等方式将工作拆分，采用与雇佣相分离的模式增加用工弹性。这些企业与劳动者之间所签订的合同包括项目承包合同、劳务派遣合同、项目制合同、联盟合同等。就业方式更加灵活多样，极大地增强了劳动者成为自由职业者或合伙人的可能性。

（三）对劳动者就业边界的影响

工业经济时代，劳动者的就业范围较为明确。一般劳动者在一家企业就业。

数字经济时代，用人单位和劳动力商品交易的时空限制极大减少，企业对市场机制的隔离作用被削弱，劳动者人力资本的专门性趋于下降。劳动者和用人单位可以依托各种数字技术，借助各种网络共享平台，实现更大范围、更高层次和更深程度的协作和交易。这一点在劳动者的就业边界方面体现得尤其明显，同一个劳动者，可以拥有多重职业身份，在同一时间段内为多个雇主服务，极大地扩大了劳动者的就业边界。

（四）对劳动企业的影响

工业经济时代，劳动者受雇于传统工业企业和服务业，需要在固定的时间和地点为雇主提供内容相对确定的服务，在一定程度上增加了企业的人力成本。

数字经济时代，企业可以充分借助新技术和新商业模式实现创业式就业。例如，传统企业内部通过鼓励员工创业的方式，孵化商业项目，在提升企业内部竞争力和创造活力的同时，变相地降低了企业的人力成本。

此外，人力资本较高的传统企业借助网络平台等中介可以实现出售劳动服务和转让劳动力使用权，在降低企业人力成本的同时，推动企业朝着高精尖方向转型。一些人力资本相对较低的企业或机构，可以借助线上市场，参与数字化生产和众包经济，实现劳动商品价值和人力资本收益最大化。

第三节　数字经济时代高校毕业生面临的就业机遇与挑战

数字经济时代对劳动形态、劳动生产要素、劳动就业等方面均产生了深远的影响。高校毕业生作为社会的主要劳动力资源，在数字经济时代面临着一系列新的就业机遇和挑战。

一、数字经济时代社会就业生态的新趋势及特征

（一）数字经济时代社会就业生态的新趋势

纵观人类历史的发展，每一次产业革命均会引发社会产业结构的变迁，推动经济的巨大发展。数字经济时代以数字技术作为生产力，对社会劳动产业结构及社会劳动就业产生了极其深刻的影响（表1-5）。

表1-5 历次产业革命及其对劳动就业的影响一览表

序号	产业革命阶段	就业人群	就业领域	就业方式
1	以蒸汽机、冶金炼钢为代表技术的第一次产业革命	降低对人的力量、技术的要求，扩大了就业人群的范围，出现了童工	机器制造业、新兴城市服务领域	8小时工作制的现代雇佣制
2	以电力、内燃机、汽车发明和铁路大发展为代表技术的第二次产业革命	对劳动力的体力要求进一步下降，大量女性参与社会生产，知识工人成为就业代表人群	重工业制造业、跨区域服务业、管理类岗位	长期稳定的现代雇用制，企业组织职能不断细化，形成等级森严的企业组织形态
3	以原子能、计算机技术为主要科技成果的第三次产业革命	知识技能成为就业的重要门槛，出现新型劳工荒	工程师岗位、协同贸易岗位	在现代雇用制之外出现了兼职、自由职业
4	以大数据技术、AI技术等为主要技术成果的数字经济时代	掌握特定专业技能、具备机器智能无法取代的人机交互、创造性等素质的就业人群成为社会亟须的人才	数字化基础服务领域、传统产业+数字化跨界领域	基于平台的就业和创业

从表1-5中可以看出，数字经济时代，对就业人群、就业领域和就业方式均产生了极其重要的影响，社会就业形态表现出一系列新特点，涌现出大量新就业形态和新职业，为高校毕业生创造了就业新机遇的同时，也给高校毕业生提出了新的挑战。

（二）数字经济时代社会就业生态的特点

数字经济时代，社会就业生态主要具有以下几个特点。

1. 就业岗位多元化，吸纳就业能力较强

数字经济时代，随着新一轮科技革命和产业变革的兴起，出现了大量新的就业岗位。此外，传统就业岗位在朝着数字经济发展的过程中，也出现了大量的就业岗位，呈现出就业岗位多元化，吸纳就业能力较强的特点。

（1）就业岗位层次多样化。数字经济时代出现的新的就业岗位，对劳动者的教育背景要求呈现出多样化的特点，鲜明地体现出就业岗位层次多样化的趋势。数字经济时代，出现了大量以新技术技能为主的新型岗位，如计算机工程师、机器人制造师、数字编程专家、跨境电商人才等。这些岗位属于中高端数字人才就业岗位。

除此之外，数字经济时代还出现了大量对学历或专业技能要求较低的就业岗位，如网约车司机、网络主播、外卖骑手等。这些岗位属于传统岗位。与数字技术结合的过程中出现的新职业，就业形态新颖，对劳动者的学历和技能要求不高，能够吸纳多个年龄阶段、教育层次的劳动者就业。

由此可见，数字经济时代的社会就业岗位层次既面向高端专业技术人才，也面向中等教育，甚至义务教育的劳动者群体。

（2）就业岗位经验要求较低。数字技术作为新兴技术，出现时间较短、发展较快，依托数字技术为基础的大量新就业岗位对劳动者相应工作经验的从业年限要求较低。一些就业门槛较低的新就业岗位对劳动者在同一岗位的就业年限有要求。大多数就业岗位要求劳动者具有 1 ～ 4 年的就业经验，只有少数就业岗位要求劳动者具备 5 年以上的就业经验。

（3）部分就业岗位门槛较低。数字经济时代产生的新兴就业岗位中，存在大量兼职岗位或平台就业者，其中网络主播、外卖骑手、平台快递员等岗位的就业门槛较低，为社会上的中低学历劳动者，或者不具备较高数字化技能的劳动者提供了大量的就业机会，有利于带动更多劳动者进入数字经济工作，促进就业结构升级，提高国民数字技能。

2. 就业薪酬层次多元化，能够吸纳大量社会中高端人才

数字经济时代，随着人工智能技术、云计算、大数据以及物联网、AI 技术的快速发展，带动了大量新兴产业的发展。这些以高科技技术作为依托的新兴产业产生了大量技术岗位。与传统产业中的劳动岗位相比，这些高科技技术岗位的平均薪酬较高，有利于吸引大量社会中高端人才。

3. 就业方式灵活化，兼职岗位需求旺盛

数字经济时代，随着平台经济、共享经济等行业的快速发展，为社会提供了大量就业门槛相对较低、时间灵活、自主性较强的就业岗位，推动数字经济时代劳动岗位需求向着更加灵活化的方向发展。

数字经济时代的兼职岗位包括兼职网络运营人员、兼职网页设计与制作、语音录制、兼职主播、兼职司机、兼职外卖骑手、兼职图片处理师等。这些兼职岗位的薪酬支付方式呈现出多样化的特点，包括计件支付、按月支付、按周支付、按日支付及按小时支付等。

数字经济时代的兼职岗位通常以临时性和弹性工作方式为主，就业岗位受时间和空间的限制较小，劳动者可以利用闲暇时间、碎片时间进行工作。

二、数字经济时代高校毕业生面临的机遇

高校毕业生作为具有较强专业知识和技能的就业人群，综合素质较高，数字经济时代为高校毕业生提供了大量的新机遇，主要体现在以下几个方面。

（一）大量新职业的出现有利于扩大就业空间，促进就业公平

1. 就业空间扩大

数字经济时代，以各项高科技技术作为支撑的新经济、新业态不断出现并快速发展，有助于创造新的就业空间。一方面，随着高科技技术的发展和应用，新兴产业领域不断出现；另一方面，传统行业企业向数字化方向转型，出现了大量新职业需求，随着各种新经济和新业态的发展成熟，其就业产业链不断延伸，出现了大量新增就业岗位，为社会各知识水平、性别、年龄的劳动者提供了就业机遇。

数字经济时代的就业岗位层次多样、种类繁多，既包括大量就业门槛较低的新岗位，也包括对知识和技能要求较高的数字岗位，有利于扩大社会就业空间，为高校毕业生提供了多元化的就业岗位选择。

2. 有利于促进就业公平

就业公平一直是劳动力市场关注的重点问题之一。就业公平涉及性别、种族、健康状况、学历水平等多个方面。改革开放以来，随着我国对就业市场的不断规范，我国的就业公平已较之前取得了较大进展。2015 年以来，随着以科学技术作为支撑的数字经济和数字新业态的出现，极大地推动了我国就业公平的发展。

例如，互联网共享经济业态中的外卖派送员、电商运营员，以及创业企业中均取消了对劳动者的性别、种族、教育水平、身体状况的限制，较大程度地缓和了全日制就业形态中的歧视现象和歧视程度，有效地促进了就业公平的发展。此外，妇女、残疾人在内的劳动者均可以通过适合的就业岗位广泛参与到数字经济之中，也有利于促进社会就业公平。

3. 有利于提升高校毕业生的专业对口率

数字经济时代的新职业层次多样，其中包括大量与新技术密切相关的岗位。高校教育具有一定的时代性，受时代技术、经济和文化的影响。近年来，随着数字科技的快速发展与广泛应用，出现了大量新职业，如高校计算机科学专业、软件工程专业、电气和电子工程专业、信息科学专业、工商管理专业等专业的人才提供了大量对口的专业岗位，有利于提升这些专业毕业生的对口率。

（二）数字经济时代有利于优化高校毕业生的就业服务

数字经济时代，随着大数据、人工智能等技术的快速发展与广泛应用，大量在线求职平台出现，且向着多元化、针对性强的平台生态体系演化，为高校毕业生就业渠道的拓展提供了重要基础。

传统高校毕业生就业渠道一般为校园招聘会、双选会，或者校外由政府或社会机构组织的招聘会。数字经济时代，各种社会招聘网站越来越健全，人才匹配越来越精准，通过依托大数据技术，能够对高校毕业生的简历关键词进行分析，结合岗位需求分析，对高校毕业生的简历进行智能筛选，极大地提升了高校毕业生和用人单位的匹配度，有效地保障了求职双方的利益。

除此之外，高校毕业生还可以通过学校的招聘网站、用人单位的招聘网站、新媒体招聘平台等方式获得招聘信息，极大地优化了高校毕业生的就业服务，拓展了高校毕业生的就业渠道。

（三）数字经济时代为高校毕业生的多元化职业选择提供了机遇

在数字经济时代之前，传统就业方式以“企业＋雇佣”方式为主，一般一个劳动者对应一个雇主，劳动者在固定的时间和场所为雇主服务，劳动者和雇主之间的契约关系相对单一、固定。劳动者所处的工作环境是等级分明的企业环境。高校毕业生进入传统劳动环境后，必须根据雇主或直属上级领导的指示，在规定的时间内完成相应的工作。

数字经济时代，依托网络信息技术为远程办公提供了技术条件。数字经济时代产生了大量灵活就业模式。数字经济时代的灵活就业模式打破了传统的“企业＋

雇佣”就业形态，劳动者只需要借助网络、平板电脑、智能手机、即时通信软件、第三方程序接口普及和优化即可实现远程办公。

远程办公一方面能够为劳动者创造有别于传统就业形式的就业选择；另一方面能够进一步推动数字经济的发展，创造更多的社会就业岗位和机遇。

对于高校毕业生来说，高校毕业生既可以选择传统的就业方式，也可以选择远程办公方式，以获得更强的自主性、自由度，从而为高校毕业生提供多元化的职业选择。

三、数字经济时代高校毕业生面临的挑战

数字经济时代，除了为高校毕业生提供就业新机遇之外，还使高校毕业生面临一系列挑战。

（一）就业形势严峻，就业结构性矛盾突出

近年来，我国高校毕业生人数不断上升，2021 年全国毕业生总数为 909 万人，2022 年增加到 1 076 万人，未来一段时间内，我国高校毕业生总人数仍将呈现逐年上升的趋势。由于我国经济发展环境正面临着深刻复杂变化，因此，未来一段时间内，我国高校毕业生将面临较为严峻的就业挑战。

数字经济时代，随着新经济业态的崛起和发展，为劳动者提供了更多的就业机遇。尤其与新技术有关的高校专业，由于对口度较高，因此高校毕业生较容易就业。

然而，以互联网技术为核心的互联网企业的发展，在一定程度上对同类型传统行业和企业产生了较大的冲击。

例如，以互联网技术为核心的网络服装零售业的发展，对线下实体服装店产生了较大的冲击。由于顾客大量集中于线上，而减少了线下实体服装的消费，使线下实体服装店从业人员面临着被裁员和降薪风险。

又如，人工智能技术的发展，以机器人取代人工从事技能水平要求低、重复性要求较高的工作，也对传统就业人员产生了较大的冲击。

反观在高校毕业生就业方面，数字经济时代，传统的制造、金融、销售、医药、企业服务、娱乐、教育等专业的高校毕业生就业时面临着更加严峻的挑战。

（二）高校毕业生整体竞争力有待加强

数字经济时代，部分高校毕业生就业过程中的就业竞争力不足，具体表现为：一是科学文化知识水平不足。部分毕业生的专业知识及专业实践技能与招聘

岗位的需求脱节；二是个人综合素质不全面。例如，沟通能力、组织协调能力、执行力、抗压力等身心素质不具备应聘优势；三是毕业生在求职准备、简历制作和面试技巧等应聘技能方面有待提升；四是部分毕业生缺乏职场体验，没有和用人单位做好深度链接，导致一些高校毕业生在求职时没有方向，对数字经济时代崛起的新行业、就业新形态非常陌生，不利于高校毕业生顺利就业。

数字经济时代对高校毕业生的整体素质提出了更高要求，既要求高校毕业生具有较高的专业能力，又要求毕业生具备较强的知识迁移能力。

以浙江省 2021 届部分高校毕业生的岗位匹配情况为例（表 1–6）。

表 1–6　浙江省 2021 届部分高校毕业生的岗位匹配情况一览表

学校名称	专业相关度
浙江大学	2021 届毕业生就职岗位与所学专业相关度较高，占总毕业生人数的 72.00%，其中非常相关的比例为 36.16%；与专业不相关的岗位占比则为 13.26%
浙江理工大学	2021 届毕业生学用匹配度居于高位，超八成毕业生均可以学以致用。分学历层次来看，本科生专业相关度为 85.04%，研究生专业相关度为 87.55%，其中，本科生认为专业与职业很相关的占比为 31.74%；研究生认为专业与职业很相关的占比为 31.57%
杭州师范大学	2021 届毕业生专业对口率为 89.4%，其中认为非常对口的占比为 51%
浙江工商大学	毕业生所学专业与工作的相关度为 80.52%。分学历层次来看，本科生就业专业相关度为 78.70%，研究生就业专业相关度为 82.94%。
中国计量大学	2021 届本科毕业生中的 84.48% 认为目前就职岗位与所学专业相关，其中非常相关的占比为 19.73%
浙江财经大学	2021 届毕业生本科毕业生所学专业与工作的相关度为 77.41%，其中非常相关占比 18.82%，相关占比 29.62%，比较相关占比 28.97%
杭州职业技术学院	2021 届毕业生中 72.50% 的毕业生认为目前就职岗位与所学专业相关，其中认为很相关的占比为 18.66%
浙江水利水电学院	2021 届毕业生目前就职岗位与所学专业的相关度为 80.02%，其中本科毕业生为 80.33%，专科毕业生为 77.27%。
浙江工商职业技术学院	2021 届毕业生中的 75.29% 认为目前就职岗位与所学专业相关，其中认为很相关的占比为 16.86%

续表

学校名称	专业相关度
浙江经贸职业技术学院	2021 届毕业生中的 91.23% 认为在校学习的专业课程与职业相关度较高，在职场发展中较为重要，其中极其重要的占比为 19.38%
温州大学	88.56% 的本科毕业生认为目前就职岗位与所学专业对口，其中认为很对口的占比为 46.20%

注：本表根据浙江省各高校 2021 年毕业生质量报告中的数据制作而成。

从表 1-6 中可以看出，浙江省各高校已就业的毕业生中并非所有毕业生的专业均与职业相契合，只有一小部分毕业生的专业与职业极其契合。大多数毕业生以专业作为“敲门砖”实现了就业，并且在此基础之上对专业知识进行迁移，从而更有利于毕业生发挥自己专业知识技能，促进其职业发展。

根据笔者对浙江省各高校 2021 年毕业生质量报告的研究，用人单位对毕业生能力素养关注程度位居前五位的依次为专业知识、沟通与表达能力、专业技能、学习能力和创新能力。由此可以看出，专业知识能力固然重要，用人单位对高校毕业生的学习能力、创新能力的关注度更高，更加侧重强调高校毕业生的综合能力。

由此可见，数字经济时代，用人单位对高校毕业生综合素养的注重使以注重专业知识与能力的高校毕业生面临着较为严峻的挑战。

第二章　数字经济时代高校毕业生灵活就业发展趋势

第一节　高校毕业生灵活就业发展趋势

数字经济时代，随着数字技术的迅速发展与广泛而深入的应用，就业形态出现了一系列新变化，大量新职业层出不穷，为高校毕业生灵活就业提供了前提条件。本节主要对高校毕业生灵活就业发展趋势进行概述。

一、灵活就业概念及类型

“灵活就业”这一概念是针对稳定性就业而言的。稳定性就业一般是雇主与雇员之间通过签订劳动合同、劳动协议等形式确立全日制的、无终止期的劳动关系[1]。

在工业经济时代，稳定性就业是社会主流就业形态，也是社会就业的标准形态，又称为典型就业形态、标准就业形态。与稳定性就业相对的灵活就业则被称为“非典型就业”“非标准就业”。

“灵活就业”这一概念的提出经历了一系列演变。1972 年，国际劳动组织（ILO）就业使团在《就业、收入与平等：肯尼亚增加生产性就业的战略》报告中首次提出并使用了“非正规就业”一词。尽管在该报告中并未对“非正规部门”进行准确定义，但初步归纳了其特征（图 2–1）。

自 20 世纪 70 年代以来，随着“非正规部门”就业在全球范围内的快速发展，国际劳工组织、各国政府学界纷纷加大了对非正规就业的关注和研究。国际劳动组织（ILO）在《1991 年局长报告：非正规部门的困境》中以“非正规部门”定义发展中国家城市地区的低收入、低报酬、无组织、无结构的很小生产规模的生产和服务单位，并指出非正规就业具有三种类别，即小型或微型企业、家庭企业、独立的个体劳动者。

1992 年 1 月，国际劳动统计大会对非正规部门的定义和国际标准进行了扩充与修正，指出非正规部门是由以创造就业和提供收入为根本目的，从事产品生产和劳务的单位构成。其基本特点是：组织水平低，作为生产要素的劳动和资本之间基本没有或较少有分工，生产规模小。

---

[1] 王圣元，陈万明，赵彤：《零工经济　新经济时代的灵活就业生态系统》，南京，东南大学出版社，2018：42。

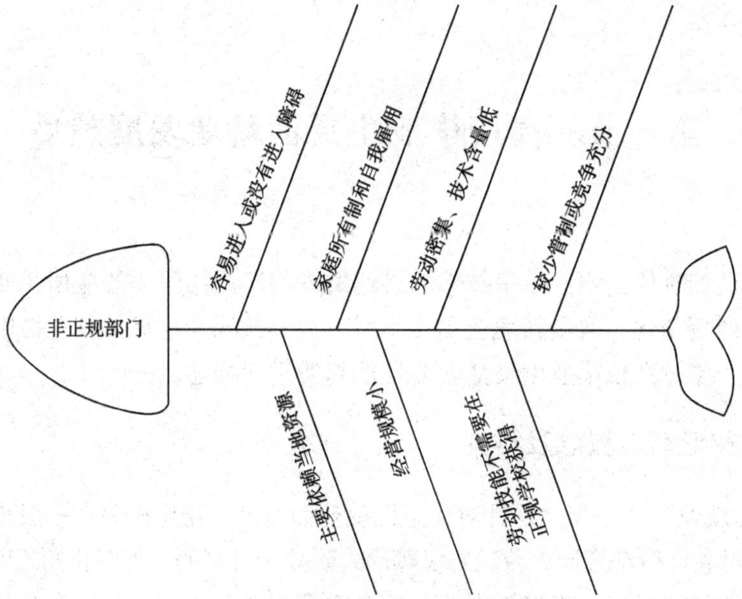

图 2-1　非正规部门特征示意图

1993 年 1 月，第 15 届国际劳工统计大会上通过“关于非正规部门就业统计的决议”，对非正规部门的统计性概念与操作性定义进行了明确规定。

2003 年，国际劳工组织进一步拓宽了非正规就业的内涵，指出非正规部门划分为小微型企业、家庭企业、独立服务者三种类型。

“非正规就业”一词在中国的出现和使用相对较晚，自 20 世纪八九十年代以来，随着市场经济的发展和改革开放引发了劳动力市场的一系列新发展，“非正规就业”一词开始出现在政策文件中。

1996 年 7 月，上海市再就业工程领导小组办公室颁布了《关于实施再就业工程试点工作的若干政策》，这是我国最早的关于非正规就业的政策性文件，对非正规就业和非正规劳动组织进行了定义。之后，我国其他政府部门或相关部门并没有对“非正规就业”一词进行阐释。

我国政府的权威文件中较少使用“非正规就业”一词，大多以“灵活就业”“弹性就业”等取而代之。

2001 年，我国《国民经济和社会发展第十个五年计划》中首次提出了“灵活就业”一词。2002 年，人力资源和社会保障部（原劳动和社会保障部）劳动科学研究所撰写的《我国灵活就业问题研究报告》中对灵活就业进行了界定，指出：灵活就业是在劳动时间、收入报酬、工作场地、社会保险、劳动关系等几方面不同于建立在工业化和现代工厂制度基础上的、传统的主流就业方式的各种就业形式的总称[1]。灵活就业的形式主要包括非全日制就业、临时就业、兼职就业、远程就业、独立就业、承包就业、自营就业和家庭就业等。

2003 年 5 月，人力资源和社会保障部（原劳动和社会保障部）在颁布的《关于城镇灵活就业人员参加基本医疗保险的指导意见》中将非全日制临时性和弹性工作等灵活形式就业简称为灵活就业。之后，“灵活就业”一词频繁出现在我国各类文件之中。

自“非正规就业”和“灵活就业”这两个概念提出之后，国内外学者纷纷从不同视角对这两个概念进行界定。由于我国政策文件中大多使用“灵活就业”，国内学者对“灵活就业”的内涵和形式进行了深入的研究。

根据人力资源和社会保障部（原劳动和社会保障部）劳动科学研究所 2002 年出版的《中国就业报告：经济体制改革和结构调整中的就业问题》一书中对传统灵活就业类型的划分，我国灵活就业可以划分为三种类型，即前工业化灵活就业形式、后工业化灵活就业形式、边缘灵活就业形式（图 2–2）。

除了以上分类方式外，灵活就业还可以根据劳动关系方式、组织形式方式、劳动者就业意愿类型、雇佣关系类型等划分为多种不同类型。无论根据哪一种视角进行划分，我国灵活就业一般具有劳动时间弹性大、就业形式多样化、收入报酬不稳定、工作关系不稳定、职业更换频繁、群体结构复杂、劳动关系非规范性、就业状况不稳定性等特点。

进入数字经济时代以来，随着就业新形态的出现和大量新职业的出现和发展，灵活就业进入新的发展阶段。

笔者认为，灵活就业是指非全日制劳动形态之外的劳动形态的统称。灵活就业的概念可细分为广义概念和狭义概念两种类型。广义上的灵活就业是指包括不签署三方协议而直接与用人单位签署劳动合同就业、持有用人证明登记就业、自由职业、自主创业四种类型，前两种类型又可称为其他劳动形式的非全日制劳动形态。狭义上的灵活就业则不包括自主创业。

笔者认同广义上的灵活就业概念。然而，为了突出高校毕业生的自主创业就业形式，本章将灵活就业中的“自主创业”进行单独论述与分析。因此，本节所指的“灵活就业”是狭义范畴的“灵活就业”。除第二章第一节之外，本书其他章节所论述的“灵活就业”均为广义范畴的“灵活就业”。

---

[1] 人力资源和社会保障部（原劳动和社会保障部）劳动科学研究所编：《中国劳动科学研究报告集 2000—2001 年度》，北京，中国劳动社会保障出版社，2002：506。

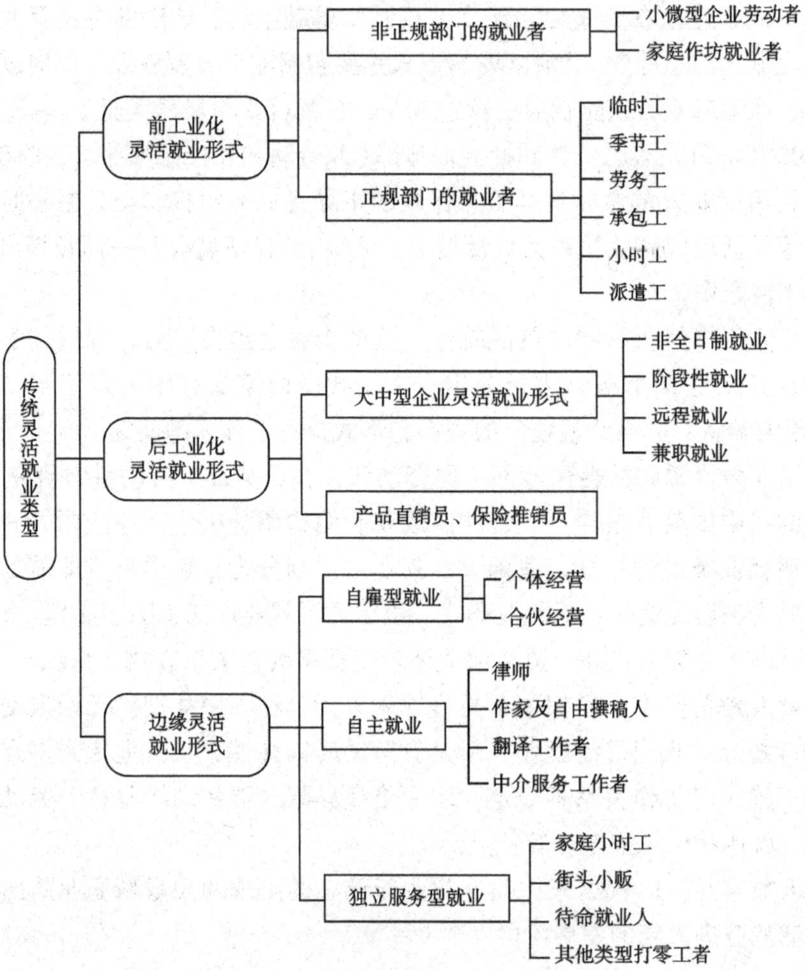

图 2-2 传统灵活就业类型示意图

二、数字经济时代灵活就业的发展及特征

（一）数字经济时代灵活就业的背景

数字经济时代，以人工智能、大数据、云计算、区块链等为代表的新一代数字化技术正颠覆着人类的传统生产和生活方式，以数字技术为依托的共享经济、平台经济的崛起为灵活就业的新发展奠定了重要的基础。

1. 共享经济

共享，意为“共同拥有”“共同分担”。共享经济的概念是由美国得克萨斯大学社会学教授马科斯·费尔逊（Marcus Felson）和伊利诺伊大学社会学教授琼·斯潘思（Joe L. Spaeth）共同首次提出的，以“协同消费”（collaborative consumption）描述了一种新的生活消费方式，其特点是个体通过第三方市场平台实现点对点的直接的商品和服务的交易。

“共享经济”的概念提出后，众多国内外学者对其概念进行阐释。作为一个新生事物，“共享经济”仍处于发展中，学术界对其有着不同的认识和理解。从称谓上来看，“共享经济”又称“协同消费”“点对点经济”“网格经济”“零工经济”“使用经济”“按需经济”“合作消费”“协作消费”“轻资产经济”“生活策略方式”“合作经济”“对等经济”“访问经济”等。

本书认为，共享经济属于新经济模式的一种，是企业通过网络与移动设备，充分利用信息技术等高科技手段通过整合线下闲散物资或个人劳务，以较低价格对供给方与需求方进行精准匹配，减少交易成本，实现资源最优配置，达到供求双方效益最大化的一种经济模式。

共享经济包含闲置资源、共享网络平台、参与者众多三个要素。共享经济可划分为产品服务系统、再分配市场、协同式生活方式三种类型。共享经济以网络信息技术和信息通信技术为基础，依托网站的开放性和交互性，形成了海量数据管理、系统通信、社交媒介和云计算四大关联内容，为消费者提供参与的契机，极大地丰富了价值共创的基础。

共享经济具有以用户为中心、弱化产权观念的特点，共享经济下的商业模式发生了较大变革，从边际成本向着零边际成本转化。此外，共享经济还改变了原有的社会关系，新的社会关系模式以信任机制为准则，在平台上通过信任机制被作为共享经济时代协同消费的准则，通过信任实现平台的流量价值和内容生成价值。

共享经济以“分享”和“协同”作为基本条件，其本质是信息和资源的共享，共享经济以共享理念作为价值基础，以共享平台作为交易实现的核心，以闲置产能的聚集和再分配提升社会资源利用效率，借助完善的内部监督机制为供需双方搭建信用评价体系，为共享经济的运行奠定良好的基础。

共享经济主要表现在平台共享、用户共享、产品共享、信息共享、产能共享五个方面（图 2–3）。其中的平台共享为平台经济奠定了重要基础。

共享经济在推动平台、用户、产品、信息、产能共享的基础上，还推动了人才共享。共享经济下的人才共享以灵活就业作为主要形式。共享经济具有较鲜明的经济弹性、灵活性、包容性等特点，因此，灵活就业成为共享经济领域具有代表性的就业形式。据《中国共享经济发展报告（2021）》显示，2020 年共享经济参与者人数约为 8.3 亿人，其中服务提供者约为 8 400 万人。

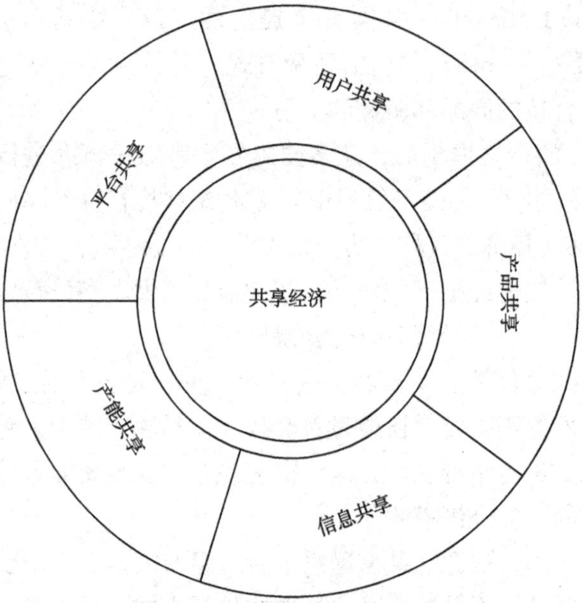

图 2-3　共享经济分类一览表

2. 平台经济

平台经济是指一种虚拟或真实的交易场所，平台本身不生产产品，但可以促成双方或多方供求之间的交易，并收取适当的费用或赚取差价而获得收益的一种商业模式[1]。

平台经济是以平台企业为支撑的、数字经济时代的主要经济形式之一，平台经济是随着智能手机、移动互联网的快速发展而崛起的经济形式，平台经济虽然出现的时间并不长，却已然发展至前所未有的高度。

平台经济的发展以电子信息技术的发展为基础，电子信息技术的发展一方面，催生出大量电子类平台企业；另一方面，则引导大众的消费行为突破了空间限制，推动平台企业快速发展壮大。

（1）平台经济的主要形式。平台经济的理论研究开始于 2000 年，平台经济从不同视角可以划分为不同形式。一般来说，从功能属性视角来看，平台经济可以划分为工程建筑施工平台、机械加工操作平台、软件类技术平台、组织机构的管理平台、商业活动的交互平台等类型。从存在形式来看，平台经济可以划分为实体平台和虚拟平台两种类型（表 2-1）。

[1] 徐晋，张祥建：《平台经济学初探》，中国工业经济，2006(5)：40-47。

表 2-1　平台经济主要形式一览表

划分标准	形式	示例
功能属性划分	工程建筑施工平台	物料中转举升平台等
	机械加工操作平台	零件装卡平台等
	软件类技术平台	操作系统平台等
	组织机构的管理平台	金融结算平台等
	商业活动的交互平台	电子商务平台、信息交互平台等
存在形式划分	实体平台	传统平台经济
	虚拟平台	以互联网等信息技术为依托的线上虚拟平台，具有服务范围大、开放性、轻资产、注重增值服务、资源集聚高效、业务跨界融合等特点

随着平台经济的发展，平台企业的类型越来越丰富，与产业融合的范围越来越广泛，规模越来越大。现阶段常见的平台企业主要包括门户网站、网络游戏、电子商务、社交网络、第三方支付、网络视频、互联网金融等。

（2）平台经济的特征。平台经济有利于整合资源，优化资源配置，能够实现高效、低成本及更大规模的要素连接，未来有着广阔的发展前景。平台经济具有开放性、创新性、经济性、生态性的特征。

第一，平台经济具有开放性特征。平台经济的开放性是指平台面向合作对象的相关服务，为参与平台业务的各类主体提供支持，降低其参与经济活动的门槛。平台经济的开放性不仅能够吸引更多资源的加入，提升平台企业的价值，还能够为消费者提供更加丰富、多样的服务。

第二，平台经济具有创新性特征。传统经济通常聚集于产业链内部的线性协作关系；平台经济则不同，它打破了传统的经济模式，注重业务的网络化连接，强调成员之间的主动参与性和互动性特征。平台经济的创新性主要表现在产品创新、服务创新、业务模式创新等方面。

第三，平台经济具有经济性特征。平台企业以新的技术手段和组织方式作为依托，强调产品、服务和业务模式的创新性，不仅为企业创新指明了方向，而且为产业组织创新和业态创新提供了极其重要的支撑，为平台以更低成本和更高效率运营奠定了基础，实现了良好的经济性。

第四，平台经济具有生态性特征。平台经济是一种多边关系，平台企业和各成员企业之间存在着互惠互利的共生关系，能够促进合作各方的资源共享、体系共建、利益共赢。平台成员之间可以借助平台企业进行高效沟通与交流，从而使商业组织更加便捷，商业生态更加优化，突破了传统经济组织方式的局限性，体现出较强的生态性特点。

平台经济的性质和特征，决定了平台企业的组织方式和运行模式均与传统企业之间存在较大区别。平台经济中，平台企业、平台合作伙伴（承揽商、加盟商）、商家、中介机构、劳动者、消费者之间形成了一个相互联系、紧密协作但权责义务更加分散的网络化关系。平台企业为了节约成本，采用轻资产的运行模式，一般并不直接雇用员工，而是以灵活就业的方式吸纳社会闲散人员，在发展平台经济的同时，直接或间接推动了社会新就业形态及新职业的出现。

由于平台经济发展快速，规模越来越大，所吸纳的就业人员数量庞大。根据国家信息中心发布的《中国共享经济发展报告（2021）》显示，平台企业员工数约 631 万人，同比增长约 1.3%。未来，平台经济的发展仍具有较大的发展空间，而随着平台经济的发展，将会有越来越多的劳动者以灵活就业的方式参与劳动。

（二）数字经济时代灵活就业的新特征

受共享经济和平台经济的影响，数字经济时代创造了“平台 + 个人”的新型就业模式，该就业模式的就业方式灵活、就业弹性大、门槛低、创业成本小，且范围广，不受地域限制，为社会上的广大低技能劳动者及不愿受束缚的年轻就业者或兼职就业者提供了大量可供选择的机会，拓展了劳动者的就业机会，形成了新的就业增长点，极大地促进了灵活就业的发展。

数字经济时代的灵活就业与传统灵活就业相比存在一定的差异性（表 2–2）。

表 2–2　传统灵活就业与数字经济时代灵活就业对比一览表

项目	传统灵活就业	数字经济时代灵活就业
性质	传统灵活就业是稳定就业的补充性存在	灵活就业并不是其他就业和用工形式的补充，而是发端于知识经济自身的特征
就业质量	传统灵活就业在劳动力市场上处于劣势地位，灵活就业人员的劳动力交易通常在次级劳动力市场发生，由于灵活就业岗位具有较强的灵活性、流动性，加大了维权难度，灵活就业劳动者的劳动权益通常无法保障	灵活就业劳动者在劳动力市场上具有较大的主动权，选择空间大；此外，数字经济时代灵活就业劳动者的劳动报酬、劳动保障等方面与传统灵活就业劳动者相比体现出一定的优越性

续表

项目	传统灵活就业	数字经济时代灵活就业
就业构成	传统灵活就业者大多由低技能劳动者构成	数字经济时代，灵活就业劳动者的构成发生了较大变化。 一方面，某些传统行业岗位向着共享经济和平台经济转变，出现了共享汽车平台、共享家政平台等，推动了司机、家政人员等劳动从事灵活就业岗位； 另一方面，许多稳定就业的高知劳动者或技能型劳动者借助技术手段从事兼职工作，成为稳定就业和灵活就业的综合体，如医生、教师、科研人员、设计师等，极大地拓宽了灵活就业劳动者的构成范畴

从表 2-2 可以看出，数字经济时代的灵活就业与传统灵活就业相比，具有鲜明的特点。数字经济时代的灵活就业形态近年来呈现出多元化、丰富化以及规模化的特点。据有关数据统计，截至 2021 年年底，我国灵活就业人员已达 2 亿人。其中，包括大量高校毕业生群体。

三、高校毕业生灵活就业趋势

高校作为我国高等人才培养的重要场所，其所培养的人才是社会的中流砥柱，高校人才培养直接关系国家和民族未来的发展力和人才竞争力。高校毕业生作为经过系统和专业的知识培训，掌握了一定专业知识和技能的人才，在毕业后面临就业或继续深造两种人生方向。

选择就业的高校毕业生还面临着以何种方式就业的选择，如进入企事业单位、报考公务员、灵活就业等。本书所指的灵活就业包括自主创业、自由职业或其他形式等多种类别。自主创业作为一种特殊的灵活就业方式，在本章中，将其与其他灵活就业形式区分开来。因此，本章所指的“灵活就业”是指除自主创业外的其他灵活就业方式，在本章第二节将对高校毕业生自主创业的趋势进行详细分析。

进入数字经济时代以来，随着灵活就业内涵、就业质量和构成的变化，灵活就业劳动力市场的规模正处于不断发展和扩张态势。我国自 2011 年以来，发布了一系列鼓励和支持高校毕业生灵活就业的政策措施（表 2-3）。

表 2-3　近年高校毕业生灵活就业政策一览表

年份	政策	侧重点
2011 年	《国务院关于进一步做好普通高等学校毕业生就业工作的通知》	鼓励支持高校毕业生通过多种形式灵活就业，并给予相关政策支持
	《财政部、人力资源社会保障部关于进一步加强就业专项资金管理有关问题的通知》	
2020 年	国务院办公厅印发《关于支持多渠道灵活就业的意见》	通过鼓励个体经营发展、增加非全日制就业机会、支持发展新就业形态等方式不断拓宽就业发展渠道
2020 年	人力资源社会保障部印发《人力资源和社会保障事业发展“十四五”规划》	持续推动多渠道灵活就业，鼓励个人经营，增加非全日制就业机会，支持和规范发展新就业形态，清理、取消不合理限制灵活就业的规定
2020 年	《关于支持新业态新模式健康发展激活消费市场带动扩大就业的意见》	明确提出了 15 个新业态新模式，并就支持鼓励上述新业态新模式健康发展、打造数字经济新优势进行了全面部署
2021 年	《关于维护新就业形态劳动者劳动保障权益的指导意见》	提出维护和健全新就业形态劳动者劳动保障权益
2022 年	国务院办公厅印发《关于进一步做好高校毕业生等青年就业创业工作的通知》	支持自主创业和灵活就业

随着灵活就业影响力的扩大，近年来我国高校纷纷将灵活就业纳入高校毕业生就业质量报告中。

本书对浙江省部分高校近年来的毕业生就业质量报告进行了深入、细致的研究，在这里仅以浙江省部分高校 2021 届毕业生就业质量报告为例，对高校毕业生灵活就业趋势进行分析（表 2-4）。

表 2-4　浙江省部分高校 2021 届毕业生灵活就业趋势一览表

综合大学		高职院校	
校名	灵活就业分析	校名	灵活就业分析
浙江大学	灵活就业人数 488 人，占毕业生总数比例为 3.4%	浙江交通职业技术学院	灵活就业人数 20 人，占毕业生总数比例为 0.65%
浙江工业大学	自由职业人数 526 人，占毕业生总数比例为 7.31%	杭州职业技术学院	灵活就业人数 27 人，占毕业生总数比例为 0.73%
浙江理工大学	灵活就业人数 511 人，占毕业生总数比例为 9.05%。其中自由职业人数 232 人，占毕业生总数比例为 4.11%，其他录用形式就业者 279 人，占毕业生总数比例为 4.94%	浙江经贸技术学院	灵活就业人数 185 人，占毕业生总数比例为 5.64%。其中，自由职业人数 5 人，其他录用形式就业 180 人
浙江农林大学	灵活就业人数 538 人，占毕业生总数比例为 12.04%	浙江建设职业技术学院	灵活就业人数 1 人，占毕业生总数比例为 0.04%
浙江工商大学	灵活就业人数 660 人，占毕业生总数比例为 12.62%。其中，自由职业人数 128 人，占毕业生总数比例为 2.45%；其他录用形式就业人数 532 人，占毕业生总数比例为 10.17%	浙江艺术职业学院	灵活就业人数 388 人，占毕业生总数比例为 32.05%。其中，自由职业人数 27 人，占毕业生总数比例为 2.12%，其他录用形式就业人数 361 人，占毕业生总数比例为 29.93%
浙江外国语学院	灵活就业人数 475 人，占毕业生总数比例为 21.25%	浙江机电职业技术学院	灵活就业人数 2 人，占毕业生总数比例为 0.06%
浙江财经大学	灵活就业人数 403 人，占毕业生总数比例为 11.25%	浙江旅游职业学院	灵活就业人数 37 人，占毕业生总数比例为 0.78%。其中，自由职业人数 7 人，占毕业生总数比例为 0.15%，其他录用形式就业人数 30 人，占毕业生总数比例为 0.63%

续表

综合大学		高职院校	
校名	灵活就业分析	校名	灵活就业分析
杭州医学院	灵活就业人数 109 人，占毕业生总数比例为 5.46%	宁波职业技术学院	灵活就业人数 191 人，占毕业生总数比例为 6.13%。其中，自由职业人数 5 人，占毕业生总数比例为 0.16%，其他录用形式就业人数 186 人，占毕业生总数比例为 5.97%
温州大学	灵活就业人数 790 人，占毕业生总数比例为 19.22%。其中自由职业人数 45 人，占毕业生总数比例为 1.09%，其他录用形式就业人数 745 人，占毕业生总数比例 18.12%	浙江纺织服装职业技术学院	灵活就业人数 14 人，占毕业生总数比例为 0.44%。其中，自由职业人数 1 人，其他录用形式就业人数 13 人
温州理工学院	灵活就业人数 243 人，占毕业生总数比例为 11.87%，其中自由职业人数 17 人，占毕业生总数比例为 0.83%；其他录用形式就业人数 226 人，占毕业生总数比例为 11.04%	浙江工商职业技术学院	灵活就业人数 3 人，占毕业生总人数比例为 0.09%

注：该表根据浙江省各高校发布的 2021 届高校毕业生就业质量报告绘制而成。

表 2–4 中选择的浙江省部分高校既包括综合大学、专门大学还包括高职院校；既包括双一流大学，也包括非双一流大学。从表 2–4 中部分浙江综合大学和高职院校的灵活就业人数和比例来看，综合大学毕业生选择灵活就业的比例相对较高，高职院校毕业生选择灵活就业的比例相对较低。

除了表 2–4 中所列的高校外，许多高校的毕业生年度就业质量报告中并未对灵活就业人数进行分析，几乎所有高校中均存在小部分暂不就业或待就业人群，这些学生要么正在求职中或签约中，要么则有入伍或参加公招考试、升学考试的规划，要么拟创业，要么暂缓求职就业。这些暂不就业或待就业人群中仍然存在一定的灵活就业者的可能性。

从表 2–5 中可以看出，近年来，无论是浙江大学还是浙江交通职业技术学院的灵活就业人数均呈现出增加趋势。其中，浙江大学作为一所拥有本科生、研究生和博士等多层次高等教育的综合性大学，在校学生人数较多，以灵活就业形式参与就业的人数相对较多。从数据来看，浙江大学 2019 届毕业生以灵活就业作为就业形式的人数较多，达到 585 人。之后，人数稍有回落。2021 届毕业生中的灵活就业者人数略有涨幅。

表 2-5　浙江大学和浙江交通职业技术学院历年灵活就业情况一览表

学校	2017 年	2018 年	2019 年	2020 年	2021 年
浙江大学	187 人	369 人	585 人	454 人	488 人
浙江交通职业技术学院	39 人	1 人	7 人	68 人	21 人

注：该表根据浙江大学、浙江交通职业技术学院历年就业质量报告绘制而成。

浙江交通职业技术学院作为一所高职院校，强调学生的职业技能。从数据上来看，2020 年和 2021 年该校毕业生从事灵活就业的人数相对较多。

尽管这两所高校的数据不足以概括近年来浙江省高校毕业生的就业趋势，然而，根据《浙江省教育厅 2017 届普通高校毕业生就业质量年度报告》与《2021 届浙江省高校毕业生职业发展状况及人才培养质量调查报告》显示，浙江省 2017 届毕业生中以其他录用形式就业的人数为 16 133 人，其中男性比例 36.64%；女性比例 63.36%；以自由职业形式就业的人数为 3 519 人，其中男性比例 39.39%；女性比例 60.61%。浙江省 2021 届毕业生中从事自由职业的比例较之前几年明显增加，其中，网页设计、工程师、自由撰稿人等技术型职业占比较高，以体力劳动为主的自由职业比例逐渐降低。

除了浙江省高校毕业生之外，近年来，我国各地高校毕业生以灵活就业方式参与就业的人数也呈现出不断上升的趋势，灵活就业者的学历层次丰富，涉及高职、本科、硕士研究生、博士研究生等多个学历层次。例如，南京大学 2021 年本科毕业生中，灵活就业人数为 218 人，占本科毕业生总人数的 7.01%；上海交通大学校本部 2021 届本科毕业生灵活就业人数为 241 人，占本科毕业生总人数的 7.57%；华东师范大学非公费非师范生本科毕业生中灵活就业比例为 11.9%，硕士研究生中灵活就业比例为 3.07%，博士研究生中灵活就业比例为 4.14%。

综上所述，近年来，我国高校毕业生的灵活就业趋势呈现出逐渐上升的态势，其中，自由职业者的从业人数逐年增长，从事脑力劳动的自由职业者比例上升明显。除了自由职业者之外，以其他录用形式就业的毕业生人数也呈现出增长态势。

第二节　高校毕业生自主创业发展趋势

自主创业属于广义上的“灵活就业”，本书对高校毕业生自主创业进行单独分析，意在强调毕业生自主创业的重要意义。自主创业不仅是高校毕业生的就业形式之一，还能够为社会创造就业岗位，吸纳更多的社会劳动者就业，减缓社会就业压力。自20世纪90年代以来，我国十分重视高校学生的自主创业能力。近年来，我国高校毕业生自主创业发展趋势呈现出持续上升的态势。本节主要对高校毕业生自主创业的概念、意义、相关政策及高校毕业生自主创业的趋势进行详细阐释。

一、自主创业的概念及意义

（一）创业的概念及类型

“创业”一词诞生于18世纪，在较长时段时间内，“创业”的内涵较为狭窄。直到20世纪30年代中期，创业的概念才得以拓展。自18世纪以来，中外学者对“创业”一词的定义和理解存在不同的角度和范畴。

“创业”一词有广义与狭义之分。广义的创业是指创造事业的过程。这里的“事业”不仅包括营利性组织，还包括非营利性组织；不仅包括官方机构或组织，也包括非政府机构或组织；既包括大型事业，也包括个人或家庭从事的小规模组织。

狭义的创业则专指创建一个新企业的过程，即创业者个人或团队通过白手起家，转变择业观念，以资源所有者的身份，利用知识、能力和社会资本，通过自筹资金、技术入股、寻求合作等方式创立新的社会经济单元，从而为自己或社会其他劳动者创造更多的就业机会。

本书所指的“创业”属于狭义上的创业。狭义上的创业根据不同的条件可以划分为多种不同类型。其中，具有代表性的划分方法是基于创业初始条件的创业类型划分、基于价值创造的创业类型划分、基于创业成效的创业类型划分、基于创业主体的创业类型划分等（图2-3）。

芝加哥大学教授阿玛尔·毕海德（Amar V. Bhide）根据创业初始条件，将创业划分为边缘企业、冒险型的创业、与风险投资融合的创业、大公司的内部创业、革命性的创业五种类型❶。

西方学者克里斯汀（B. Christian）等根据创业对市场和个人的影响程度，将创业划分为复制型创业、模仿型创业、安家型创业和冒险型创业四种类型❷。

西方学者戴维森（P. Davidsson）基于创业在组织层面和社会层面的效果将创业划分为失败创业、催化剂式创业、从头分派式创业、成功创业四种类型。此外，一些学者根据创业主体的差异，将创业公司划分为个体创业和公司创业两种类型❸。

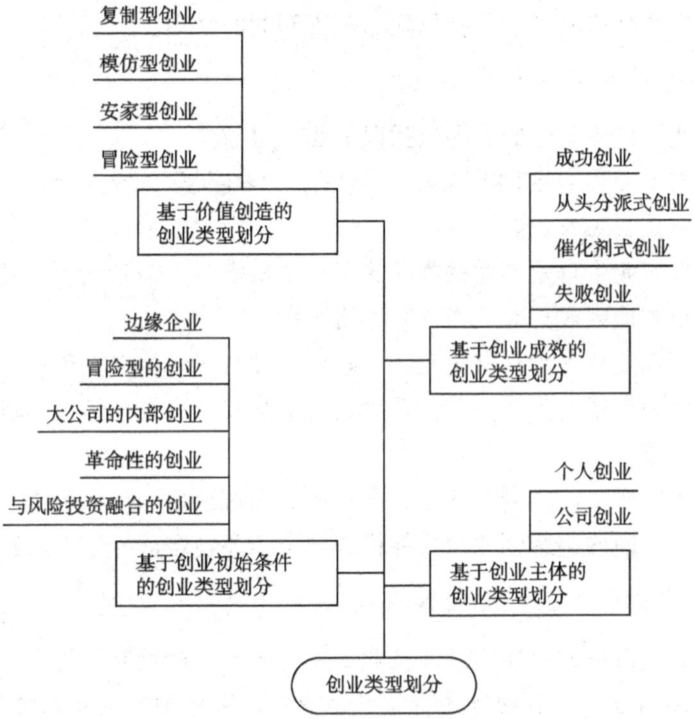

图 2-3　创业类型划分示意图

创业与创新之间存在极其密切的联系。创新是构建一种新的生产函数，所投入的资本、劳动、技术是自变量，产出是因变量。创业的本质也是构建一种新的生产函数，属于创新的特殊形态，其变量除了资本、劳动、技术之外，还有建立新企业或企业内部新的独立部门的组织变量。从这一视角来看，创业是创新的一

❶ 李燕，等：《创业基础》，北京，北京理工大学出版社，2018：34。

❷ 李宇，陈文婷：《创新创业基础》，沈阳，东北财经大学出版社，2018：17。

❸ 李贤柏，喻科，程新平：《创业学》，重庆，重庆大学出版社，2009：142。

种形态，是创新的载体，而创新则是创业的手段和本质，创业与创新之间存在相辅相成的关系。创业如果失去了创新精神就无法成功；而如果仅具有创新精神，不具备创业能力，那么创新精神则是无源之水、无本之木。只有将创业与创新联系在一起，创业才可能最终获得成功。

（二）自主创业的内涵及意义

高校毕业生自主创业是指高校毕业生个人或多人为了一定的目标组织起来，在国家法律、政策允许的范围内创办公司或经营单位，自主从事生产经营活动，为消费者提供产品或服务、承担风险、获得利润的活动。

1.高校毕业生自主创业的内涵

高校毕业生自主创业的内涵包括以下四个层面。

（1）高校毕业生自主创业强调毕业生的“自主性”，毕业生自主、自愿通过开创事业的方式实现就业。

（2）高校毕业生自主创业的本质属于自主从事生产经营活动，其性质与响应国家号召到艰苦地区或行业工作有着本质区别。

（3）任何创业活动均具有一定的风险性，高校毕业生自主创业也具有一定的风险性，因此高校毕业生在选择创业项目时应从实际出发，遵循市场规律，尽可能地降低创业风险。

（4）高校毕业生自主创业活动必须以遵循国家法律法规为前提，应在国家法律法规允许的范围内遴选创业项目并根据国家相关规定进行生产经营活动。

2.高校毕业生自主创业的模式及特点

高校毕业生自主创业作为灵活就业的类型之一，高校毕业生自主创业根据创业者自身意愿划分，可以划分为主动型创业者、生存型创业者两种类型。其中，主动型创业者又可细分为盲目型创业者和冷静型创业者。无论哪一种类型，主动型创业者一般均掌握了一定的创业资源，且具有良好的创业规划。

生存型创业者大多属于被动型创业者，毕业时无法找到理想的工作而由于种种原因不愿返乡或屈就的毕业生往往成为生存型创业者。与主动型创业者相比，生存型创业者所占比例较大。除了生存需要的创业者外，高校毕业生自主创业的动机往往还包括环境影响的需要、自我实现的需要、就业的需要等几种动机类型。

高校毕业生创业模式根据不同视角可以划分为多种类型。其中，根据高校毕业生参与创业的时间划分，可以划分为兼职创业、休学创业、退学创业、毕业后创业几种类型。根据高校毕业生开展创业的类型进行分类，可以划分为知识技术型创业模式、“互联网 +” 创业模式、模拟孵化模式、概念创业模式、代理销售创业模式等（图 2–4）。

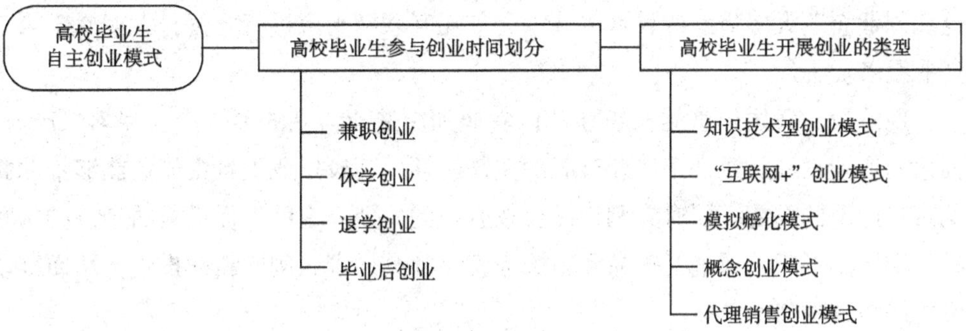

图 2–4　高校毕业生自主创业模式示意图

无论哪一种类型的高校创业者在高校毕业找工作之际创业或之后几年内进行创业均属于本书所涵盖的高校毕业生自主创业者。

3. 高校毕业生自主创业的意义

高校毕业生自主创业具有极其重要的意义，主要体现在以下几个方面。

（1）高校毕业生自主创业有助于缓解社会就业压力。就业是民生之本、安国之策，也是社会和谐发展和持续发展的基础。创业是社会经济活力的动力之源，也是社会进步的重要推动力，是扩大就业的倍增器。以创业带动就业能够促进社会经济的快速、稳定发展，有利于扩大就业，缓解社会就业压力。

创业往往能够带动就业的“乘数效应”。单个高校毕业生就业往往只能解决一个高校毕业生的就业问题，而高校毕业生创业，则能够带动群体性就业的增长。这是由于高校毕业生创业所成立的企业不仅能够解决高校毕业生自身的就业问题，而且能够为社会创造就业岗位，从而达到帮助他人就业的目的。

现阶段，我国社会正处于经济结构性调整的关键时期，在未来相当长的一段时间内，我国的社会就业压力将持续存在。在这种情况下，高校毕业生自主创业能够将事业和兴趣紧密结合起来，在实现毕业生个人就业的同时，带动和帮助他人就业，从而有助于缓解社会就业压力，为高校毕业生和社会劳动者创造更多的就业岗位。

（2）高校毕业生自主创业有助于促进社会经济结构的合理化发展。高等教育承担着培养社会主义事业接班人的重要任务，高校毕业生自主创业属于高校毕业生融入社会的一种方式。高校毕业生掌握了一定的社会先进知识和技术，且具有较强的拼搏精神，敢闯敢拼，高校毕业生自主创业有利于激发社会市场的活力。

数字经济时代，高校毕业生自主创业涉及的行业领域范围十分广泛，包括批发零售、租赁和商务服务、文化、体育和娱乐、信息技术服务、住宿餐饮业等，这些创业企业大多借助各种数字技术，依托互联网平台进行经营，大多属于第三产业服务业。

现阶段，我国经济结构正在从以农业和制造业为主的第一产业和第二产业，向第三产业发展，致力于产业升级的关键时期。高校毕业生自主创业能够推动我国第三产业的发展。同时有利于高科技企业的发展，有助于促进新的经济结构和社会结构的形成。通过新产品和新服务满足社会需求，刺激新的投资，从而推动经济的快速发展。

（3）高校毕业生自主创业有利于实现人生价值。高校毕业生自主创业属于积极就业形式，是一种充分发挥劳动者能动性、创造性的就业途径。自主创业活动是一种对创业者全方位能力的考察。高校毕业生在进行自主创业的过程中，只有不断提升自身各方面的能力，综合运用内在条件和外在条件才能最终创业成功。

高校毕业生自主创业与传统的社会就业不同。在传统的社会就业中，劳动者所从事的事业和劳动者自身的兴趣可能南辕北辙，且劳动者在工作时往往被动接受上级指令行事，工作节奏单调，自主性较低，而高校毕业生自主创业过程中，创业者可以从自己感兴趣及自认为有价值的事业着手，能够将个人兴趣和职业发展前景、事业紧密结合起来，最大限度地发挥个人才能，实现高校毕业生的人生价值。从这一视角来看，高校毕业生自主创业具有较高的自主性，有利于高校毕业生实现人生价值。

二、我国高校自主创业政策的发展

高校毕业生自主创业具有多重意义和价值，在我国国民经济的发展和各项事业的建设中具有十分重要的作用。因此，我国政府高度重视高校毕业生自主创业活动。

自 20 世纪 90 年代以来，我国陆续发布了一系列支持和号召高校毕业生创业的政策，鼓励大学生自主创业，以创业带动就业。进入 21 世纪以来，我国政府发布的支持高校大学生创业的各种政策更加多样化，在引导高校在校生和毕业生自主创业方面营造了良好的氛围（表 2–6）。

表 2-6　21 世纪以来政府支持大学生创业的政策

年份	政策	主要内容
2002 年	《关于进一步深化普通高等学校毕业生就业制度改革有关问题意见的通知》	明确提出鼓励和支持高校毕业生自主创业
2003 年	《关于做好 2003 年普通高等学校毕业生就业工作的通知》	其中强调鼓励高校毕业生自主创业和灵活就业
	《关于切实落实 2003 年普通高等学校毕业生从事个体经营有关收费优惠政策的通知》	提出了六项有利于高校毕业生自主创业的政策规定
	《关于贯彻落实国务院办公厅关于做好 2003 年普通高等学校毕业生就业工作的通知若干问题的意见》	提出组织面向高等院校毕业生的创业培训，同时开发适合高校毕业生的创业项目库，以便为高校毕业生创业提供帮助
	《关于 2003 年普通高等学校毕业生从事个体经营有关收费优惠政策的通知》	就高校毕业生个体经营、灵活就业和自主创业制定了一系列优惠政策
2004 年	《国务院办公厅关于进一步做好 2004 年普通高等学校毕业生就业工作的通知》	鼓励高校毕业生自主创业
2005 年	《关于做好 2005 年普通高校毕业生就业重点工作的通知》	强调大力拓展毕业生的就业空间，鼓励毕业生下基层
2006 年	《关于建立高校毕业生就业见习制度的通知》	鼓励各地积极吸纳本地和非本地见习毕业生
2007 年	《关于切实做好 2007 年普通高等学校毕业生就业工作的通知》	积极鼓励，支持高校毕业生自主创业和灵活就业
	《关于进一步加强创业培训推进创业促就业工作的通知》	对创业促就业工作提出六点意见
2008 年	《关于促进以创业带动就业工作的指导意见》	提出了对大学生创业者进行资金、培训、服务等支持
2011 年	《关于进一步做好普通高等学校毕业生就业工作的通知》	强调进一步鼓励支持高校毕业生自主创业，稳定灵活就业

续表

年份	政策	主要内容
2015年	《国务院关于进一步做好新形势下就业创业工作的意见》	强调着力培育大众创业、万众创新的新引擎，把创业和就业结合起来，以创业创新带动就业，催生经济社会发展新动力
	《国务院办公厅关于深化高等学校创新创业教育改革的实施意见》	对深化高校创新创业教育改革提出了一系列实施意见
2017年	《关于做好2017年全国高校毕业生就业创业工作的通知》	引领高校毕业生自主创业，促进以创业带动就业
2021年	《关于进一步支持大学生创新创业的指导意见》	立足新发展阶段、贯彻新发展理念、构建新发展格局，坚持创新引领创业、创业带动就业，提升人力资源素质，实现大学生更加充分、更高质量就业
2022年	《普通高校学生自主创业政策公告》	学生自主创业，在税收、担保贷款和贴息政策、资金扶持和工商登记等方面均可享受优惠

除表2–6中国家各部门发布的鼓励高校在校生和毕业生自主创业的政策之外，各省、直辖市、自治区的相关部门均发布了本地区高校在校生和毕业生自主创业政策，为高校毕业生自主创业创造了良好的政策环境。在国家和各地方政府的支持下，近年来，我国高校毕业生自主创业人数越来越多，高校毕业生自主创业项目数量和规模均呈现出逐年上升的趋势。

三、高校毕业生自主创业趋势

本书主要以浙江省高校为例，对我国高校毕业生自主创业趋势进行分析。

浙江省是我国的数字经济大省。近年来，随着互联网信息技术的发展与应用越来越深化，浙江省依托互联网信息技术等数字技术大力发展数字经济，取得了一系列引人瞩目的成果。在浙江省数字经济快速发展的同时，浙江省各大高校均十分重视学生的创新创业教育以及对在校生和毕业生自主创业者的扶持活动。近年来，随着我国对高校创业创新的重视，我国高校将毕业生自主创业作为衡量毕业生就业质量的重要指标之一。浙江省各大高校也不例外，本书在这里主要对部分浙江高校2021届毕业生自主创业的情况进行详细分析（表2–7）。

表 2-7　部分浙江省高校 2021 届毕业生自主创业率一览表

综合类大学		高职院校	
校名	自主创业分析	校名	自主创业分析
浙江大学	自主创业人数 83 人（本科毕业生 12 人、硕士毕业生 66 人、博士毕业生 5 人），自主创业率 0.58% 创业领域分布：批发和零售业、信息传输 / 软件和信息技术服务业、制造业、文化 / 体育和娱乐业、租赁和商务服务业、教育行业等	浙江交通职业技术学院	自主创业人数 4 人，占毕业生总数比例为 0.12%
浙江工业大学	自主创业人数 45 人，占毕业生总数比例为 0.63%，其中，普通本科毕业生自主创业人数 42 人，硕士毕业生自主创业人数 3 人，自主创业毕业生主要来自计算机学院、法学院、管理学院、人文学院等 创业领域分布：信息传输、软件和信息服务业、教育、文化、体育和娱乐业、批发和餐饮业以及租赁和商务服务业等	浙江育英职业技术学院	自主创业人数 55 人，占毕业生总数比例为 2.18% 创业的 55 名学生中，26 人注册为有限责任公司，29 人以个体工商户形式注册 创业领域分布：批发零售、租赁和商务服务、文化、体育和娱乐、信息技术服务、住宿餐饮等行业等
杭州电子科技大学	自主创业人数 21 人，占毕业生总数比例为 0.39%，其中本科毕业生自主创业人数 18 人，研究生毕业生自主创业人数 3 人 创业领域分布：文化、体育和娱乐业（占比 61.90%）、信息传输、软件和信息技术服务业（占比 14.29%）、批发和零售业（占比 9. 529%）	杭州职业技术学院	自主创业人数 30 人，占毕业生总数比例为 0.81% 创业领域分布：批发和零食业（10 人），制造业（5 人），文化、体育和娱乐业（5 人），信息传输、软件和信息技术服务业（2 人），教育业（2 人），农、林、牧、渔业（1 人），住宿餐饮业（1 人），建筑业（1 人），房地产业（1 人），科学研究和技术服务业（1 人），租赁和商务服务业（1 人）
浙江理工大学	自主创业人数 66 人，占毕业生总数比例为 1.17%，其中，本科生自主创业人数 57 人，研究生自主创业人数 9 人 创业领域分布：批发和零售业（27 人），信息传输、软件和信息技术服务业（11 人），文化、体育和娱乐业（10 人），制造业（9 人），租赁和商务服务业（3 人），住宿和餐饮业（3 人），建筑业（1 人），教育行业（1 人），科学研究和技术服务业（1 人）	浙江经贸技术学院	自主创业人数 67 人，占毕业生总数比例为 2.04% 自主创业项目呈现出多元化的特点 创业领域分布：批发和零售业（32 人），信息传输、软件和信息技术服务业（14 人），制造业（6 人），租赁和商务业（5 人），以及卫生和社会工作、交通运输、仓储和邮政业、科学研究和技术服务业等

续表

综合类大学		高职院校	
校名	自主创业分析	校名	自主创业分析
浙江农林大学	自主创业人数 37 人，占毕业生总数比例为 0.83% 创业领域分布：文化体育和娱乐业（占比 27.27%），批发和零售业（占比 18.18%），住宿和餐饮业（占比 18.18%），制造业（占比 9.09%），信息传输软件和信息技术服务业（占比 9.09%），农、林、牧、渔业（占比 9.09%），科学研究和技术服务业（占比 9.09%）	浙江建设职业技术学院	自主创业人数 13 人，占毕业生总数比例为 0.41%
杭州师范大学	自主创业人数 32 人，占毕业生总数比例为 0.64%，其中，本科生人数 28 人，硕士研究生人数 9 人。创业规模以中小微企业为主	浙江艺术职业学院	自主创业人数 13 人，占毕业生总数比例为 1.02% 创业领域分布：文化、体育和娱乐业（5 人），批发和零售业（4 人），住宿和餐饮业（1 人），制造业（1 人），租赁和商务服务业（1 人），居民服务、修理和其他服务业（1 人）
浙江工商大学	自主创业人数 11 人（其中，本科毕业生创业人数 7 人，研究生毕业生创业人数 4 人），占毕业生总数比例为 0.21% 创业领域分布：文化、体育和娱乐业（2 人），教育（2 人），批发和零售业（2 人），住宿和餐饮业（2 人），租赁和商务服务业（1 人），科学研究和技术服务业（1 人），居民服务、修理和其他服务业（1 人）	浙江机电职业技术学院	自主创业人数 37 人，占毕业生总数比例为 1.14%
浙江科技学院	自主创业人数 61 人，占毕业生总数比例为 1.39%	浙江商业职业技术学院	自主创业人数 60 人，占毕业生总数比例为 1.26%
浙江外国语学院	自主创业人数 13 人，占毕业生总数比例为 0.58%	浙江经济职业技术学院	自主创业人数 19 人，占毕业生总数比例为 0.60%

续表

综合类大学		高职院校	
校名	自主创业分析	校名	自主创业分析
浙江财经大学	自主创业人数 22 人，创业率 0.63% 创业领域分布：批发和零售业（7 人），文化、体育和娱乐业（3 人），建筑业（3 人），租赁和商务服务业（2 人），住宿和餐饮业（2 人），教育（1 人），居民服务、修理和其他服务业（1 人），卫生和社会工作（1 人），农、林、牧、渔业（1 人），信息传输、软件和信息技术服务业（1 人）	浙江同济科技职业学院	自主创业人数 12 人，占毕业生总数比例为 0.48% 创业领域分布：集中在批发和零售业，住宿和餐饮业，文化、体育和娱乐业，建筑业，农、林、牧、渔业，制造业，金融业等
浙江水利水电学院	自主创业人数 4 人，占毕业生总数比例为 0.17% 创业领域分布：制造业、住宿和餐饮业、租赁和商务服务业、新媒体	杭州科技职业技术学院	自主创业人数 27 人，占毕业生总数比例为 0.77% 创业领域分布：个体经营占比较大，合伙创业、家庭企业等创业形式占比稍小
中国计量大学	自主创业人数 70 人，占毕业生总数比例为 1.86% 创业领域分布：电子商务销售类（47.14%）、科技类（18.57%）、文化创意类（15.71%）、服务类（12.86%）、餐饮类（4.29%）、设计类（1.43%）等	宁波职业技术学院	自主创业人数 12 人，占毕业生总数比例为 0.38% 创业领域分布：零售业，教育业，文化、体育和娱乐业，住宿和餐饮业，纺织、服装、皮革制造业等
杭州医学院	自主创业人数 1 人，占毕业生总数比例为 0.05%	浙江纺织服装职业技术学院	自主创业人数 13 人，占毕业生总数比例为 0.41% 创业领域分布：批发和零售业，文化、体育和娱乐业，制造业，建筑业，住宿和餐饮业，信息传输、软件和信息技术服务业等
浙江传媒学院	自主创业人数 69 人，占毕业生总数比例为 1.98%	浙江工商职业技术学院	自主创业人数 25 人，占毕业生总数比例为 0.73% 创业领域分布：文化、体育和娱乐业，批发和零售业，制造业，居民服务、修理和其他服务业，住宿和餐饮业，信息传输、软件和信息技术服务业等

续表

综合类大学		高职院校	
校名	自主创业分析	校名	自主创业分析
温州大学	自主创业人数 32 人，占毕业生总数比例为 0.78% 创业领域分布：制造业（8 人），批发和零售业（8 人），信息传输、软件和信息技术服务业（5 人），教育（5 人），住宿和餐饮业（3 人），居民服务、修理和其他服务业（3 人）	温州职业技术学院	自主创业人数 15 人，占毕业生总数比例为 0.39%

注：该表根据浙江省各高校发布的 2021 届高校毕业生就业质量报告绘制而成。

从表 2–7 中可以得出以下几个结论。

（一）浙江省高校普遍较为重视自主创业

从浙江省各高校毕业生自主创业者的来源可以看出，浙江省各高校毕业生自主创业者的学历层次较为丰富，既包括普通综合类高校的本科、硕士研究生、博士研究生，也包括高职院校的专科和本科。自主创业者源于各个专业，从中反映出浙江省高校创业教育的普及程度较好。

（二）浙江省高校毕业生自主创业领域丰富

从表 2–7 中可以看出，浙江省高校毕业生自主创业者普遍集中于以下行业。

（1）批发和零售业。

（2）文化、体育和娱乐业。

（3）建筑业。

（4）租赁和商务服务业。

（5）住宿和餐饮业。

（6）信息传输、软件和信息技术服务业。

（7）科学研究和技术服务业。

（8）居民服务、修理和其他服务业。

（9）教育业。

（10）卫生和社会工作。

（11）农、林、牧、渔业。

（12）纺织、服装、皮革制造业。

（13）交通运输、仓储和邮政业。

（14）金融业。

这些行业领域涉及第一、第二、第三产业，其中以第三产业服务业居多，且大多依托互联网信息技术等先进的数字技术作为基础。

（三）浙江省高校毕业生的初次自主创业率普遍不高，但后劲较足

2021 届浙江省高校毕业生中的自主创业率普遍在 1% 以下，仅有少数高校毕业生的自主创业率在 1% 以上。自主创业实际人数大多为数十人。据笔者调查研究显示，高校毕业生刚离校时的创业率普遍不高，然而毕业一年后的创业率则呈现出较大幅度的提升。以浙江机电职业技术学院为例。2021 届毕业生的创业率仅为 1.14%；2021 年调查时，2020 届毕业生的创业率为 4.57%、2019 届毕业生的创业率为4.56%、2018届毕业生的创业率为4.14%，均出现了较大幅度的提升。

根据浙江省教育厅公布的历年浙江省普通高校毕业生就业质量年度报告显示，2016 届浙江省高校毕业生自主创业率为 4.49%，2020 届浙江省高校毕业生自主创业率为 3.5%。从表 2–8 的数据中可以看出，浙江省高校毕业生近年来的自主创业热情略有下降。这一数据反映出浙江省高校毕业生自主创业逐渐趋于理性化，许多高校毕业生倾向于工作一段时间或准备较充分后再创业，以提高创业的成功率。

表 2–8　浙江省高校 2016—2020 届毕业生创业率一览表

年份	本科	高职	全省总计
2016 年	3.42%	5.78%	4.49%
2017 年	3.53%	5.40%	4.39%
2018 年	2.98%	4.95%	3.89%
2019 年	2.68%	4.77%	3.64%
2020 年	2.35%	4.80%	3.5%

注：本表根据浙江省教育厅公布的历年浙江省普通高校毕业生就业质量年度报告绘制而成。

尽管表 2–8 中的数据显示浙江省高校毕业生自主创业比例呈现下降趋势，但是，由于近年来，浙江省高校毕业生的数量呈现出逐年上升的趋势，因此，从创业人数上来看，浙江省高校毕业生自主创业者的总人数呈现出上升趋势（表 2–9）。

表 2-9　浙江省高校 2016—2020 届毕业生自主创业人数统计一览表

年份	专科生（高职）/ 人	本科生 / 人	硕士生 / 人	博士生 / 人	合计 / 人
2016 年	1 006	1 675	89	2	2 772
2017 年	928	1 839	112	4	2 883
2020 年	1 278	1 853	108	3	3 242
2021 年	1 475	2 463	166	8	4 112

注：本表根据浙江省教育厅公布的历年浙江省普通高校毕业生就业质量年度报告绘制而成。

从表 2-9 中可以看出，2016 年浙江省高校毕业生自主创业总人数合计为 2 772 人，2021 年浙江省高校毕业生自主创业总人数合计上升为 4 112 人。此外，从表 2-8 和表 2-9 中可以看出，近年来，浙江省高职院校毕业生自主创业比例和人数均表现较为亮眼，彰显出较强的创新活力和创业活力。

除浙江省高校外，我国其他省市高校毕业生的自主创业也呈现出较为理性化的趋势。

值得说明的是，高校毕业生自主创业不仅与高校创业教育及高校毕业生创业意愿息息相关，而且与社会市场环境存在极其紧密的联系。尽管各大高校毕业生离校时的自主创业人数呈现出下降趋势，高校毕业生自主创业朝着理性化的方向发展，然而从长期来看，毕业生离校后几年内依然保持着较为旺盛的自主创业态势。

第三节　社会对高校毕业生灵活就业的接纳度研究

从灵活就业的广义上来看，近年来无论是自由职业从业者，还是其他录用形式的就业者，抑或是自主创业者均属于灵活就业的广义范畴。从总体上来看，数字经济时代高校毕业生的灵活就业趋势与社会对高校毕业生灵活就业的接纳度息息相关。本节主要从高校毕业生灵活就业的特点、社会环境等方面对高校毕业生灵活就业的社会接纳度进行研究。

一、数字经济时代高校毕业生灵活就业及特点

数字经济时代，高校毕业生灵活就业具有以下几个特点。

（一）高校毕业生灵活就业具有主动性特点

数字经济时代的高校毕业生灵活就业与传统灵活就业者的动机存在一定差异。传统灵活就业者大多为下岗再就业人员，或由于个人技能等原因无法进入正规部门就业，迫于无奈选择灵活就业以保障和维护个体的生存权。受传统灵活就业者就业动机的影响，传统灵活就业者对就业方式和工作内容的意愿度通常较低，满意度不高。

数字经济时代的高校毕业生灵活就业者中存在大量主动选择灵活就业作为职业方向的人员。这部分灵活就业者并非由于个人技能无法通过传统途径进入常规意义上的正规部门就业，而是依据个人兴趣、特长而主动选择灵活就业，体现出鲜明的主动性特点。

基于数字经济时代高校毕业生灵活就业的主动性特点，高校毕业生灵活就业者从事灵活就业的主体意愿较高，自主性更强，不仅将灵活就业作为谋生的手段，而且将灵活就业作为个人未来职业生涯中的重要组成部分，给予足够的重视。

（二）高校毕业生灵活就业具有流动性强的特点

传统劳动力市场的灵活就业者大多为学识能力较低或年龄较大的劳动者，较难从灵活就业者向正规部门的全日制工作者转变。

数字经济时代的高校毕业生灵活就业者由于受教育层次较高，具有专业的能力与特长，具有较高的教育背景、专业能力和职业素养，能够较为顺利地从灵活就业劳动力市场向全日制劳动力市场流动，即数字经济时代的高校毕业生灵活就业者可以根据劳动者的个人意愿，相对自由地选择从事灵活就业劳动或从事全日制劳动，在劳动力市场体现出较强的流动性特点。

例如，部分高校毕业生在毕业之初尝试以自由职业或自主创业的形式从事劳动，然而经过一段时间之后，可能通过报考公务员、进入对口专业工作等形式流动至全日制就业行列。

又如，许多高校毕业生在毕业初期通过签订正式劳动合同的形式进入全日制就业的行列，在相关行业或领域积累了一定经验后，则会进行创业，跨入灵活就业的行列。

从数字经济时代高校毕业生灵活就业者的流动性特点来看，对于数字经济时代的高校毕业生来说，灵活就业成为高校毕业生就业的一种新的、具有挑战性的机遇和选择。由于灵活就业具有较强的自由性、自主性特点，高校毕业生可以通过灵活就业的劳动方式，将个人兴趣和爱好与职业理想融为一体，尝试不同于传统就业模式的新型就业形态，在灵活就业形式与传统就业形式之间自由流动和转换。

（三）高校毕业生灵活就业层次多样

传统的灵活就业劳动者由于受限于自身的学识和能力，多从事零售业、建筑业或家政类工作。数字经济时代，高校毕业生由于具有较高的学历，掌握了较为丰富的知识和技能，其所从事的灵活就业形式相对较为丰富，所涉及的领域也相对较多。

数字经济时代高校毕业生灵活就业的具体形式呈现出多样化的特点。根据就业形式大体可划分为自由职业、自雇型就业、兼职就业、远程就业、季节性就业、待命就业或平台就业等多种形式。根据高校毕业生灵活就业的领域，则包括批发和零售业，文化、体育和娱乐业，建筑业，租赁和商务服务业，住宿和餐饮业，信息传输、软件和信息技术服务业，科学研究和技术服务业，居民服务、修理和其他服务业，教育业，卫生和社会工作，农、林、牧、渔业，纺织、服装、皮革制造业，交通运输、仓储和邮政业，金融业等。这些行业和领域可以归纳为商务服务类岗位、素质教育类岗位、技术研发类岗位、健康培训类岗位、演艺类岗位、商品零售类岗位。

从数字经济时代的高校毕业生灵活就业的领域来看，高校毕业生所从事的灵活就业工作大多需要运用到专业领域的知识，或需要具备独特的技能，如翻译、设计等。由此可见，高校毕业生灵活就业者所从事的工作通常技术、知识含量较高，工作环境较好，收入也相对较高。除此之外，高校毕业生中还存在一些从事网约车司机、外卖骑手等工作的就业者。

综上所述，数字经济时代高校毕业生灵活就业者的就业层次呈现出多样化的特点。

（四）高校毕业生灵活就业渠道多元化，关系网效力减弱

高校毕业生灵活就业的信息来源呈现出多元化的特点。与传统灵活就业者的信息来源渠道多为亲友介绍或职介所不同，数字经济时代高校毕业生获取就业信息的渠道呈现出丰富化和多元化的特点。

高校毕业生就业渠道一般包括校内实体招聘会、校外实体招聘会、校就业中心网站、招聘单位网站、校外中介网站、在岗实习、本院系网页、第三方招聘网站、教师同学或亲友介绍、自主创业等。

综上所述，与传统灵活就业者相比，数字经济时代高校毕业生选择灵活就业的渠道更加丰富和多元化，单纯依赖教师同学或亲友介绍的现实关系网的效力相对减弱。

二、高校毕业生灵活就业的环境分析

数字经济时代，高校毕业生灵活就业的环境（包括收入、保障、发展空间等）直接关系着社会对灵活就业者的接纳度，同时关系着灵活就业群体的未来发展趋势。与传统灵活就业环境相比，数字经济时代，高校毕业生灵活就业者所面临的环境发生了较大变化。

高校毕业生灵活就业者的就业安全感主要取决于四个维度，即个人可雇用力、工作特性、社会支持、外部环境。其中个人可雇用力是获得工作和收入的基本前提，就业者对个人就业安全感起到了决定性的影响（表 2–10）。

表 2–10 高校毕业生灵活就业者就业安全感影响因素一览表

项目	因素	细分因素
个人可雇用力	专项能力	包括个人经验水平、竞争力、天赋与优势、思维能力水平、解决问题的能力
	人际交往力	包括高校毕业生灵活就业者拥有的人脉资源、客户资源基础、建立的客户信任和口碑、沟通说服力、稳定的合作渠道、个人影响力
	实践执行力	包括高校毕业生灵活就业者的任务执行能力、危机风险应对能力、学习提升能力、个人能力的发挥程度
	分工合作力	包括高校毕业生灵活就业者管理团队的能力、和工作伙伴的共事理念、整合资源的能力
	个体适应力	包括高校毕业生灵活就业者的承压能力、环境适应能力
	心态调控力	包括高校毕业生灵活就业者的需求认知能力、缓解压力的能力、排解焦虑的能力、间隔期的压力调控能力

续表

项目	因素	细分因素
工作特性	工作环境和氛围	工作氛围是否和谐稳定，能够使高校毕业生产生归属感和愉悦感、内部竞争程度、工作环境的硬件条件、是否能够为高校毕业生灵活就业者带来足够的发展空间
	运作模式	商业模式是否成熟、福利保障、就业机会、职能支持体系
	工作的稳定性和发展前景	未来发展空间，是否与高校毕业生灵活就业者的个人职业发展相契合、失业风险程度
	工作的影响	积极影响、消极影响
	投入成本	风险成本、门槛高低、沉没成本的高低
	工作强度	绩效指标的压力、是否具有挑战性
社会支持	用人单位支持	可发展空间、理念风格、具体资源
	家庭支持	家庭成员的态度和支持力度
	个人的社会网络支持	工作伙伴的态度和支持力度、学校老师的态度和支持力度、伴侣朋友的态度和支持力度
	客户支持	客户的尊重程度、满意度
外部环境	行业环境	行业前景、竞争力、机遇与挑战
	市场环境	市场的需求体量、用户需求的变化速度、城市机遇
	技术环境	技术发展带来的机遇与挑战
	生活环境	家庭教育、学校教育、家庭氛围
	社会环境	政府政策、经济环境

高校毕业生灵活就业者的安全感越高，以灵活就业作为长远职业规划的可能性越高。从表 2–10 中可以看出，影响高校毕业生灵活就业安全感的因素中包含除了高校毕业生灵活就业者的个人可雇用能力之外，其他为外部因素。

（一）高校毕业生灵活就业者的就业场景

高校毕业生灵活就业者的就业场景直接关系到高校毕业生对灵活就业的满意度，以及社会对高校毕业生灵活就业者的接纳度。纵观数字经济时代高校灵活就业者的就业场景主要集中在新零售领域、泛娱乐领域、泛金融领域和新制造领域（表 2–11）。

表 2-11 数字经济时代就业场景分析一览表

序号	就业场景	特点	就业方式
1	新零售领域	从线上 + 线下到线上 × 线下：交易渠道边界消失、协同互补	1. 平台就业 2. 平台创业 就业方式从“公司 + 雇员”方式向“平台 + 履约人”方式转变，个人不需要通过被组织雇用而获得劳动资格，也不依赖职业身份而获得社会认可
		从被动响应到主动匹配：以数据流预测消费行为、重握价值链主动权	
		线下零售店服务人员升级：创造个性化体验	
		线上线下的跨界融合：数字类就业向传统零售的迁移及传统零售类就业向电商的迁移	
		物流智能化、社会化下的就业升级：从人工劳动到驾驭机器，从固定岗位到众包共享	
2	泛娱乐领域	从单一产业到围绕大 IP 的自循环生态：以内容为核心，放大泛娱乐的整体经济价值	
		从精英文化到网红经济：随着年轻一代的登场，文化共创趋势更甚	
		数字技术推动行业创新升级、拓展细分领域	
		从做行业到做产业：复合型运营岗位需求的旺盛及能力的升级	
		从内容享有和传播者到内容产出和获利者：平台催生新兴的灵活就业机会，打破了职业与兴趣、创作者与消费者的界限	
		数字技术的渗透释放无谓劳动，创造高技术含量的新兴岗位	
3	新金融领域	用户端：金融生活化、场景化，激发更深层次需求	
		技术端：以大数据为代表的数字技术为新金融挖潜增效	
		渠道端：围绕客户中心化和运营精益化的实体渠道转型	
4	新制造领域	生产端：数字化工业技术的深度渗透，不断升级工厂和机器的智能化水平	
		生产链：从 B2C 到 C2B，柔性生产高精度满足客户需求	
		生产网：从固定合作到网状共聚，协同生产关系的即时匹配	
		生产品：以智能家居为代表的智能化产品前景广阔	

数字经济时代，在数字技术的影响下，新就业形态和全日制就业形态将在较长一段时间内保持并存发展、融合促进的良性互动关系，而新就业形态为高校毕业生灵活就业提供了多样化的工作岗位。从数字经济时代就业场景来看，社会对高校毕业生灵活就业者的社会接纳度相对较高。

（二）高校毕业生灵活就业者的职业发展空间环境

高校毕业生灵活就业者的职业发展空间环境直接影响着高校毕业生灵活就业者的就业安全感。数字经济时代，高校毕业生灵活就业者的职业发展空间环境与我国数字经济的发展趋势息息相关。

数字经济时代的灵活就业与我国数字经济发展的总体趋势直接相关。自 2005 年以来，我国数字经济呈现出逐年递增的发展态势，与数字经济的发展趋势相契合，我国灵活就业发展趋势也呈现出逐年增长的态势。根据《中国灵活用工发展报告（2022）》蓝皮书中显示，2021 年，我国有 61.14% 的企业使用灵活用工，企业更倾向扩大而非缩减灵活用工规模，而随着我国灵活就业的发展态势，社会上出现了大量的新职业，这些新职业的产业涵盖了各行各业，既包括劳动密集型产业，也包括大量技术密集型产业，为高校毕业生灵活就业者提供了大量可供选择的岗位，有利于高校毕业生灵活就业者择业与就业，为高校毕业生灵活就业者提供了良好的职业发展空间。

此外，近年来随着我国灵活就业规模的发展，我国政府越来越重视对灵活就业者权益的保护和职业发展前景。自 2019 年以来，我国有关职能部门出台了一系列政策，通过规范灵活就业者与用人单位之间的劳动合约，探索创新灵活就业者和用人单位之间劳动关系的认定标准，完善灵活就业者的社会工伤保险、职业伤害险，以及提升试点灵活就业者的职称评定等一系列政策和措施，极大地改善了我国灵活就业者的发展环境，有利于高校毕业生灵活就业者拓展职业发展空间。

第三章　数字经济时代高校毕业生灵活就业的理论基础

第一节　成就需要理论

需要理论是心理学的一种重要理论，属于激励理论范畴。本节主要对数字经济时代高校毕业生灵活就业所涉及的需要理论进行分析，主要包括马斯洛的“需要层次”理论和麦克利兰的成就激励理论。

一、马斯洛的需要层次理论

亚伯拉罕·哈罗德·马斯洛（Abraham Harold Maslow）是美国颇具影响力的心理学家之一。马斯洛于1943年首次提出了“需要层次”理论。该理论在世界范围内产生了较大影响。

（一）马斯洛需要层次理论的内涵

马斯洛认为，人类的需要按照从低到高可划分为五种类型，即生理的需要、安全的需要、社交的需要、尊重的需要、自我实现的需要（图3-1）。

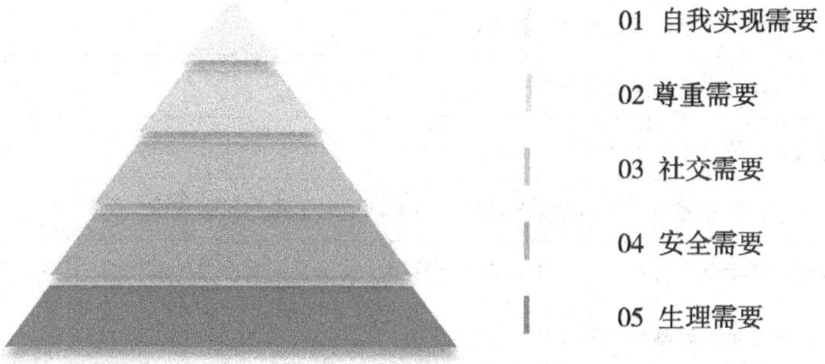

图3-1　马斯洛需要层次理论示意图

马斯洛需要理论的五种类型，大体可以划分为三个层次，即人的基本需要，包括生理需要和安全需要；心理需要，包括社交需要和尊重需要；自我实现需要。

人的生理需要是人类的基本需要。人的生理需要主要包括吃饭、穿衣、医疗、住房、安全、生活稳定等基本需要。如果人的生理需要无法满足，那么人的其他需要均无法实现。

马斯洛需要层次理论中的心理需要包括社交需要和尊重需要，以及归属关系需要和爱的需要。人的心理需要是人较高层次的需要，是在满足人的基本需要之上的更高一级的需要。

马斯洛需要层次理论中的自我实现需要高于人的基本需要和生理需要，在人的基本需要和生理需要的基础之上，是个体最高等级的需要，也是个体追求自我理想和抱负，充分发挥个人能力的需要。

1954 年，马斯洛在其著作《动机与人格》一书中，将人的需要层次拓展至 7 个层次，自低向高依次为生理的需要、安全的需要、友好和归属的需要、尊重的需要、求知的需要、求美的需要、自我实现的需要。然而从各国流传的马斯洛理论来看，马斯洛的 5 层次需要理论的接受度更高。

无论是 5 层次需要理论还是 7 层次需要理论，马斯洛均强调了自我实现需要的重要性，明确了自我实现者的15种积极人格以及自我实现的8种途径（表3–1、表3–2）。

表 3–1　马斯洛自我实现的积极人格一览表

序号	马斯洛自我实现的积极人格特征
1	正视现实，有良好的现实知觉
2	认可与接纳自我、他人和自然
3	言行坦率、自信，表现真实、自然的我
4	不以自我为中心，热爱事业，以工作为中心
5	有独立、独处和自主性需要
6	有自主、自制能力，与环境关系和谐，不受环境和文化的被动支配
7	欣赏日常生活，对审美及平常经验有奇特的、永不衰退的欣赏力和新意
8	具有难以言表的高峰（或顶端）体验
9	同情、关心他人
10	注重友谊和爱心，人际关系深刻（或深切、深重）
11	对人民主平等、谦虚待人，尊重他人
12	明确并信守伦理道德标准
13	待人处世诙谐、幽默、风趣
14	富有创造性（追求革新、独创、发明）
15	不受现存文化规范束缚，不随波逐流

表 3-2 马斯洛自我实现的途径一览表

序号	自我实现的途径
1	自我实现是充分地、生动地、无私念地体验生活，忘怀一切，达到入迷的状态。太计较自我得失，就不可能达到自我实现水平
2	生活是一系列选择（如前进与倒退，安全与畏缩等），自我实现是连续进行的成长选择过程
3	自我实现是一个内部控制过程，有一个来自自己内部的呼唤，而儿童多是听父母及教师的呼唤
4	真诚坦率，不要违心。当有怀疑时，诚实地说出来，敢于承担责任，就是迈向自我实现的一步
5	每次选择时做到以上四步，可以说就是自我实现。要听从自己内心的想法，不要刻意迎合外界
6	自我实现是通过学习使人变得更加聪明，发挥个人潜能的过程。因此，个人要勤奋，要有成为“第一流”的准备，才会有自我实现的可能
7	要为自我实现创造良好的环境与条件，才能出现高峰体验
8	善于了解人，分析人，善于自我分析，与人相处

马斯洛的需要层次理论肯定了个体心理上潜藏着多种需要，在个体发展的不同阶段内，所有需要中的最为迫切和强烈的需要是激励个体行动的主要原因与动力，而当该需要得到满足后，即会成为非优势需要，失去对个体行为的激励作用。马斯洛的需要理论是一种动态的理论，个体的需要处于连续发展的状态，当低层次的需要满足后，人们会追求更高层次的需要。

马斯洛的需要层次理论具有一定的先进性和局限性特点。

马斯洛的需要理论从个体在生产、生活中的具体需要出发对人的行为进行研究，在一定程度上抓住了问题的本质和关键，而马斯洛需要理论中对人的需要由低到高的 5 个层次的排序反映了人类需要发展的一般规律，且突出了人的特定心理需要在特定时期内对人的心理发展和行为的激励作用，特别突出强调了自我实现对人的影响。

除了一定的先进性外，马斯洛的需要理论也存在一定的局限性，即马斯洛强调人的需要是个体与生俱来的一种本能反应，倡导遗传决定论，这在一定程度上否认了后天教育和社会在人的成长中的决定作用。

此外，马斯洛的需要层次理论带有一定的机械主义色彩，且忽略了人的心理的复杂性，在一定程度上简化了人的心理。

尽管马斯洛的需要层次存在一定的局限性，然而由于其从人的需要出发，对人的心理进行分析，对人的行为具有较强的激励作用，因此在世界各国学者均有较多拥趸。

（二）马斯洛需要层次理论对高校毕业生灵活就业者的影响

马斯洛需要层次理论强调人的行为是由需要引起的，从马斯洛需要层次理论出发，高校毕业生无论从事什么样的工作均需要满足个体各个层次的需要。其中，人的自我实现需要是个体追求的最高目标，高校毕业生灵活就业者也不例外。

灵活就业与传统就业不同，与传统就业相比，灵活就业的形式更加灵活，灵活就业者在工作中的自主性更强，更易通过奋斗实现就业者自我目标的实现。

以广义上灵活就业中的自主创业为例。自主创业活动是一项充满挑战性的工作，需要自主创业者具备各种综合能力，如识别自主创业机会的能力、把握自主创业机会的能力、较高的管理能力、较强的沟通能力、较高的领导能力、接受和解决问题的能力等。

高校毕业生处于创造能力较为活跃，以及精力较为旺盛的阶段，具有较强的创新和创造意识，渴望能够通过自主创业证明自己各方面的能力。与传统就业行业，高校毕业生需要按部就班地按时到固定地点上班，从事领导安排的工作不同，自主创业者在创业过程中具有较强的自主性。自主创业的毕业生则能够在创业活动中锻炼自身全方位的知识和能力，通过不断提升自身能力和经验，最终达到创业成功，达成自我实现的目标。

除了自主创业者之外，从事自由职业的高校毕业生及网络主播、UP主等多种形式的灵活就业者也受成就需要理论的深刻影响。

二、麦克利兰的成就激励理论

成就激励理论是20世纪50年代由哈佛大学的心理学教授戴维·麦克利兰（David McClelland）及合作者提出的，关注个体在工作情境中的成就需要、权力需要和亲和需要三个方面。

（一）成就激励理论的内涵

1.成就需要

成就需要是指个体在工作过程中追求卓越、达到标准及争取成功的内驱力。

从成就需要的角度出发，社会工作情景中的个体可以划分为成就需要高的个体和成就需要低的个体两种类型。其中，成就需要高的个体通常具有较强的责任感、喜欢得到工作的及时反馈，倾向于具有适度风险的工作。

2. 权力需要

权力需要是指个体心理控制别人以某种方式行为而不以其他方式行为的需要。一般而言，社会工作场景中杰出的管理者往往具有较高的权力欲望，个体在组织中的地位越高，其权力需要越强，权力需要越旺盛。

3. 亲和需要

亲和需要是指个体与他人建立友好的和亲密的人际关系的愿望。亲和需要较强的个体在社会工作情境中较重视人与人之间的关系，尤其是个体在组织中被接受和被喜欢的程度，追求与他人合作。一般而言，亲和需要较强的人在工作情境中易受他人影响，在与他人合作过程中情绪易波动。

麦克利兰的成就激励理论中的成就需要是该理论的核心内容。麦克利兰认为，具有较强的成就需要的人渴望将事情做得更为完美。根据麦克利兰的成就需要理论，社会工作情境中成就需要越强的人在工作过程中除了达成工作目标及工作带来的物质奖励之外，更加强调个体在实现工作目标的过程中克服困难、解决难题、努力奋斗的乐趣及获得成功之后的精神成就感。

个体在社会工作情境中的成就需要的形成与个体所处的政治、经济、文化、社会发展程度之间存在较为鲜明的关系。麦克利兰指出高成就需要者一般具有三个特点。

（1）高成就需要者关注工作的反馈信息，从中了解自己是否有所进步。

（2）高成就需要者关注工作目标的挑战程度，喜欢从事具有挑战性的工作。

（3）高成就需要者一般具有强烈的事业心、进取心，敢于冒险。

麦克利兰的成就需要理论在一定程度上解释了个体的工作动机及工作动机引发的行为，强调借助成就动机对组织内部的员工进行激励。因此，在组织内部的人员选拔和安置上，可以通过测量和评价个体动机体系的特征，了解个体的成就需要高低，以此更好地安排个体岗位。

麦克利兰倡导个体成就需要能够通过后天的训练提高，因此，社会工作实践中组织可以通过具体训练提高员工的成就动机及工作效率。

（二）成就需要对高校毕业生灵活就业者的影响

成就需要理论对高校毕业生灵活就业者起着极其重要的影响。任何工作均能够满足从业者的成就需要。灵活就业作为一种就业形态也能够满足就业者的成就需要。成就需要既包含物质成就需要，也包含精神成就需要。

高校毕业生灵活就业者既存在物质成就需要，也存在一定的精神成就需要。在从事灵活就业的过程中，高校毕业生可以满足自身的成就需要。

以广义上灵活就业中的自主创业为例。高校毕业生自主创业强调毕业生的自主性。创业是一个极其复杂和艰辛的过程，高校毕业生自主创业的过程是一个从零起步，一点点发展和壮大的过程。在创业过程中，高校毕业生通常会经历多个阶段，不同阶段的创业目标不同，当达成一个个创业目标时，高校毕业生即会获得强烈的成就感。尽管与传统就业方式相比，自主创业者在创业过程中需要付出更多的努力，但也能够收获更强的成就感。

对于高校毕业生中的成就需要感较强的个体来说，从事自主创业活动可以不断满足创业者的成就需要，在实现了一个创业目标后，获得了一定的成就需要后，还可以向着更高的成就目标迈进。

除了自主创业外，高校毕业生在从事自由职业或其他形式的灵活就业中，也可以获得较强的成就需要。从这一视角来看，成就需要理论对高校毕业生灵活就业者具有较为深刻的影响。

第二节　职业生涯发展理论

职业生涯是指一个人一生中所有与工作相关联的行为与活动，以及相关的态度、价值观和愿望等连续性经历的过程[1]。任何高校毕业生的发展均离不开个体的职业生涯发展规划。灵活就业作为数字经济时代高校毕业生的一种就业形式，也受职业生涯发展规划的影响。职业生涯发展规划的理论基础即职业生涯发展理论。本节主要对职业生涯发展理论及其对高校毕业生灵活就业者的影响进行概述。

一、职业生涯发展理论的演变

职业生涯发展理论在历史上经历了多个阶段的发展。

[1] 刘小庆，王村芳:《大学生职业生涯规划与发展》，北京，北京工业大学出版社，2019：8。

（一）金斯伯格的职业生涯发展阶段理论

金斯伯格（Eli Ginzberg）是职业发展理论的先驱和缔造者，金斯伯格对人的童年和青少年阶段职业心理发展过程进行研究，将个体职业心理发展划分为幻想期、尝试期和实用期三个阶段，如表 3-3 所示。

表 3-3　金斯伯格职业发展阶段及特点一览表

心理发展阶段	年龄阶段	职业心理发展特点
幻想期	4～11 岁	1. 对职业的好奇属于单纯的兴趣爱好与模仿 2. 几乎不考虑自身条件和能力水平 3. 无法形成与社会需要相适应的职业动机，属于幻想阶段
尝试期	11～17 岁	1. 兴趣阶段：认识到社会不同职业之间的差异，对某些职业产生兴趣 2. 能力阶段：注意社会不同职业对人的能力的要求，能够自觉衡量个体能力与感兴趣的职业之间的差异，自觉进行训练 3. 价值观阶段：了解社会不同职业之间的社会价值和个人价值的区别，通过价值审视个体的职业兴趣和能力 4. 综合阶段：能够关注职业的综合信息，初步判定个体职业发展方向
实用期	17 岁以后	1. 试探阶段：对感兴趣的职业方向进行尝试，了解特定职业的发展方向和就业机会，为职业生涯做准备 2. 具体化阶段：个体能够结合自身兴趣、特长及能力明确和细化职业发展方向 3. 专业化阶段：个体能够确定职业发展方向，并且以实际行动实践职业规划

金斯伯格的职业发展理论指出了个体的职业决策是一个持续发展的过程，是个体自童年至青年时期长期形成的观念。个体的职业选择过程受个体童年、青年时期的个人经验和身心发展的影响。个体最终的职业选择的实现是个体对外界条件与个人综合因素进行分析后做出的决定，是寻求个人喜爱职业与社会提供的机会之间的一种最佳结合。

（二）格林豪斯的职业生涯发展阶段理论

继金斯伯格之后，国外学者对职业生涯发展理论进行了多种视角的研究。其中，美国心理学博士格林豪斯（Greenhaus）的职业生涯发展理论具有较强的代表性。

格林豪斯的职业生涯发展侧重于从人生不同年龄阶段职业发展面临的任务。格林豪斯将个体一生的职业生涯划分为五个阶段。

1. 职业准备阶段

年龄阶段：0～18岁。

特征：发展职业想象力，培养职业兴趣和能力，对职业进行评估和选择，接受必需的职业教育和培训。

2. 进入组织阶段

年龄阶段：18～25岁。

特征：进入职业生涯，选择一种合适的、较为满意的职业，并在一个理想的组织中获得一个职位。

3. 职业生涯初期

年龄阶段：25～40岁。

特征：逐步适应职业工作，融入组织，不断学习职业技能，为未来职业生涯成功做好准备。

4. 职业生涯中期

年龄阶段：40～55岁。

特征：努力工作，并力争有所成就。在重新评价职业生涯中强化或转换职业道路。

5. 职业生涯后期

年龄阶段：55岁直至退休。

特征：继续保持已有的职业成就，成为一名工作指导者，维护自尊，准备引退。

（三）舒伯的生涯发展理论

唐纳德·E. 舒伯（Donald E. Super）提出人一生的完整生涯发展阶段模式，根据不同年龄阶段，将人生划分为成长、探索、建立、维持和衰退五个阶段。

舒伯从人的终生发展角度提出了职业生涯发展理论，五个阶段的发展任务和目标不尽相同，根据不同阶段的个体发展目标，舒伯提出了“生涯彩虹图”理论，引入了生命广度、生命空间的概念，展现了不同发展阶段各种角色的相互作用、不同生涯发展阶段角色的继承与更替（图3-2）。

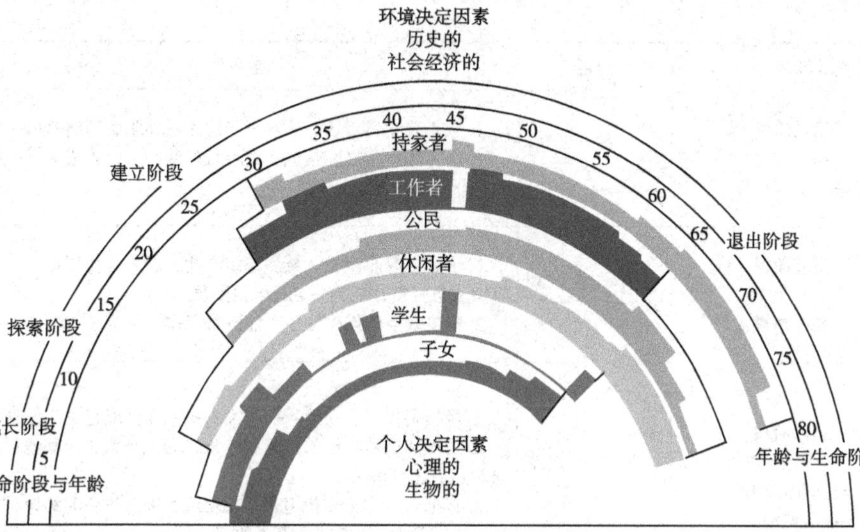

图 3-2　舒伯“生涯彩虹图”

舒伯生涯彩虹图的纵向层面代表纵观上下的生活空间，由个体一生中的角色和职业组成，即子女、学生、休闲者、公民、工作者、持家者六个角色。横向切面则为个体一生不同年龄阶段。不同年龄阶段，个体在生活和工作中所扮演的角色不同，所承担的责任也不尽相同。

（四）施恩的职业生涯发展九阶段论

职业生涯管理学家埃德加·H. 施恩（E.H.Schein）在前人的基础上提出了职业生涯发展的“九阶段论”，将个体一生中的职业生涯划分为九个阶段，如表 3-4 所示。

表 3-4　施恩的职业生涯发展九阶段论一览表

阶段	角色	主要任务
第一阶段 0～21 岁 （成长、幻想）	学生、工作申请者	1. 发展和发现自己的需要和兴趣，发展和发现自己的能力和才干，为进行实际的职业选择打好基础 2. 学习职业方面的知识，寻找现实的角色模式，获取丰富的信息，发展和发现自己的价值观、动机和抱负，作出合理的受教育决策，将幼年的职业幻想变为可操作的现实 3. 接受教育和培训，开发工作实践中所需要的基本习惯和技能

续表

阶段	角色	主要任务
第二阶段 16～25岁 （进入工作世界）	应聘者、新学员	1. 进入劳动力市场，谋取可能成为一种职业基础的第一项工作 2. 个人和雇主之间达成正式可行的契约，个人成为一个组织或一种职业的成员
第二阶段 16～25岁 （基础培训）	实习生、新手	1. 了解、熟悉组织，接受组织文化，融入工作群体，尽快取得组织成员资格，成为一名有效的成员 2. 适应日常的操作程序，能正常工作
第四阶段 17～30岁 （早期职业的正式成员资格）	新的正式成员	1. 承担责任，成功地履行与第一次工作分配有关的任务 2. 发展和展示自己的技能和专长，为提升或进入其他领域的横向职业成长打基础 3. 根据自身才干和价值观，根据组织中的机会和约束，重估当初追求的职业，决定是否更换职业
第五阶段 25～45岁 （职业中期）	正式成员、任职者、终身成员、主管经理	1. 选定一项专业或进入管理部门 2. 保持技术竞争力，在自己选择的专业或管理领域内继续学习，力争成为一名专家或职业能手 3. 承担较大责任，确定自己的地位 4. 开发个人的长期职业计划
第六阶段 35～45岁 （职业中期危险阶段）	正式成员、任职者、终身成员、主管经理	1. 客观地估价自己的进步、职业抱负及个人前途 2. 接受现状或者争取看得见的前途 3. 建立与他人的良师关系
第七阶段 45岁至退休 （职业后期）	骨干成员、管理者、有效贡献者	1. 成为一名良师，学会发挥影响，指导、指挥别人，对他人承担责任 2. 扩大、发展、深化技能，或者提高才干，以担负更大范围、更重大的责任 3. 如果停止前进，则需接受和正视自己影响力和挑战能力下降的事实
第八阶段 40岁至退休 （衰退和离职阶段）	不同的人在不同年龄开始衰退	1. 学会接受权力、责任、地位的下降 2. 基于竞争力和进取心下降，要学会接受和发展新的角色 3. 评估自己的职业生涯，着手退休
第九阶段 因人而异 （离开组织或职业——退休）	离退休人员	1. 保持一种认同感，适应角色、生活方式和生活标准的急剧变化 2. 保持一种自我价值观，运用自己积累的经验和智慧，以各种资源角色，对他人进行传帮带

施恩的九阶段理论强调了不同年龄阶段的职业状态、任务，以及职业行为。由于在现实生活中，不同个体之间职业阶段的年龄存在一定的差异性，因此施恩提出的职业发展九阶段理论的具体职业发展阶段存在一定的交叉性。

二、职业生涯发展理论对高校毕业生灵活就业者的影响

除了上文中提到的四种具有代表性的职业生涯发展理论外，中外学者还从其他角度提出了多种职业生涯发展理论，在此不再一一赘述。从以上四种类型的职业生涯发展理论来看，个体的职业生涯发展贯穿了个体的一生，在不同年龄阶段，个体在生活和工作中所扮演的角色不同。高校毕业生作为即将步入社会的青年，是个体一生中职业发展的关键时期。高校毕业生应了解职业生涯发展理论，并充分利用职业生涯发展理论进行精准的职业规划。

数字经济时代，随着新就业形态的兴起，高校毕业生的就业范围得以扩展。新就业形态大多属于灵活就业范畴，不同就业方式及不同职业不仅对高校毕业生的实际就业存在影响，还会对高校毕业生一生的职业生涯规划产生深远的影响。

以灵活就业中的自主创业为例。自主创业作为数字经济时代广义上的灵活就业形态之一，创业者在做好创业计划和创业准备的同时，也应做好创业者的自我职业生涯规划。例如，是否毕业时即创业，抑或毕业后先积累工作经验或创业资源再进行创业；创业期限内创业成功后是否改变职业发展方向；如果在创业期限内创业失败，如何选择职业方向，等等。

高校毕业生只有从职业生涯规划的角度，依托职业生涯发展理论明确做好自主创业的职业生涯规划，才能更好地进行自主创业。

除了自主创业之外，高校毕业生在从事自由职业或其他类型的灵活就业时，也应当以职业发展理论作为依托，对个体职业发展生涯进行规划，以便更好地进行职业生涯发展。

第三节　马克思主义劳动价值观理论

高校毕业生灵活就业属于社会劳动的范畴，自古以来，中外学者对劳动的概念、内涵、要素进行了各种论述。本节主要对马克思主义劳动价值观理论进行简要概述。

一、马克思主义劳动价值观对劳动概念、要素、分类的研究

（一）劳动的概念

马克思的著作中围绕“劳动”一词进行了详细阐释。“劳动作为使用价值的创造者，作为有用劳动，是不以一切社会形式为转移的人类生存条件，是人和自然之间的物质变换，即人类生活得以实现的永恒的自然必胜性。”[1]

除此之外，马克思的著作中还从不同侧面对劳动的要素、劳动的过程等进行了概括。总而言之，马克思主义认为劳动是有生命力的人在生产某种使用价值时运用体力和智力的活动，包括但不限于处理人与自然之间关系的人的能力对象化的活动，劳动对人的生存与社会发展具有永恒价值。

（二）劳动的要素

马克思主义劳动价值观中的劳动要素包括劳动者、劳动对象和劳动资料。

1. 劳动者

劳动者是劳动过程中不可或缺的要素。传统社会中的劳动是一种纯粹的个人劳动，劳动者将脑力劳动和体力劳动结合在一起。自工业时代以来，随着劳动分工的细化，社会劳动的协作性越来越强，生产劳动及劳动承担者的概念不断扩大。马克思主义劳动价值观指出劳动不仅是自然属性的肉体存在物，还是一个具有强烈的社会属性的社会构建物。

2. 劳动对象

马克思主义的劳动对象包括天然存在的劳动对象与原料两个概念。其中，天然存在的劳动对象是指未经过人的协助，作为人类劳动的一般对象存在的事物；劳动对象中的“原料”不同于作为劳动对象的自然物。劳动对象既包括自然事物，也包括已经经过人为改造过的劳动对象。马克思指出，一切原料均是劳动对象，但并非任何劳动对象都是原料。劳动对象只有在已经通过劳动而发生变化的情况下，才是原料[2]。

---

❶ 中共中央，马克思，恩格斯，列宁，斯大林：《马克思恩格斯文集（第五卷）》，编译局，编译，北京，人民出版社，2009：56。

❷ 中共中央，马克思，恩格斯，列宁，斯大林：《马克思恩格斯文集（第五卷）》，编译局，编译，北京，人民出版社，2009：209。

3. 劳动资料

劳动资料是劳动者置于自己和劳动对象之间、用来把自己的活动传导到劳动对象上去的物或物的综合体。劳动者利用物的机械的、物理的和化学的属性，以便把这些物当作发挥力量的手段，依照自己的目的作用于其他的物❶。劳动资料具有形和无形之分，有形的劳动资料包括土地、建筑物、道路、运河、仓库、机器、设备、厂房，而知识、技能则属于无形的劳动资料。

马克思主义劳动观视域的劳动资料的内涵存在广义与狭义的区别。广义的劳动资料泛指推动劳动发展的一切物质条件，包括土地、空气、阳光等。狭义的劳动资料则指生产工具、设备、机器和厂房等。劳动资料中的生产资料是生产力中物的因素，在任何社会生产中，人们总是借助于生产资料，通过自己的劳动生产出劳动产品。

生产资料通常具有测量器和指示器的社会价值，既是人类劳动力发展的测量器，也是劳动借以进行社会关系的指示器。

（三）劳动的分类

马克思主义经典作家从不同视角对劳动的类型进行划分，大体可划分为以下几个类型（图 3–3）。

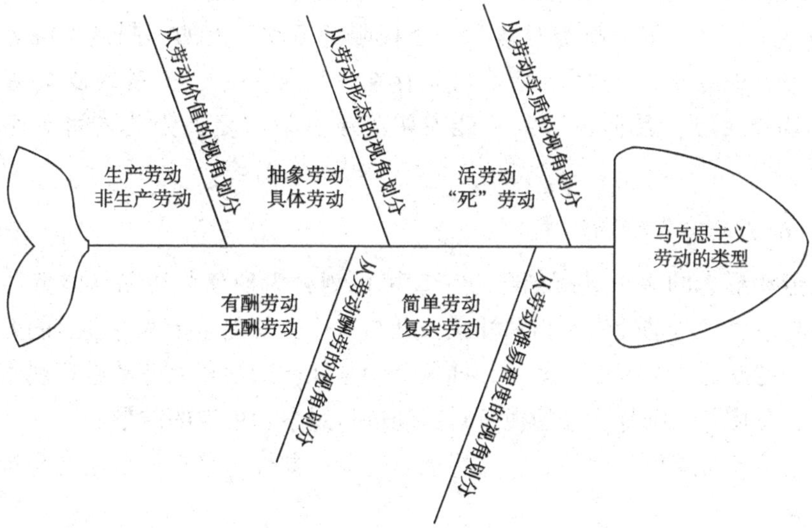

图 3–3 马克思主义劳动的类型划分

❶ 中共中央，马克思，恩格斯，列宁，斯大林：《马克思恩格斯文集（第五卷）》，编译局，编译，北京，人民出版社，2009：209。

1. 从劳动实质的视角划分

从劳动实质的视角划分，劳动可以划分为活劳动和“死”劳动两种类型。其中，活劳动是指人类在现实社会中通过对劳动资料的加工、改造，从而使“死”劳动活起来。这里所指的“死”劳动是指“资本”。活劳动具有看得见、摸得着、感性特点；活劳动是“死”劳动的源泉，能够使“死”劳动的要素通过生产和流通等环节获得增值。

2. 从劳动难易程度的视角划分

从劳动难易程度的视角划分，劳动可以划分为简单劳动和复杂劳动两种类型。

简单劳动是指简单的社会的平均劳动，是每个没有任何专长的普通人的有机体平均具有的简单劳动力的耗费。简单劳动不需要经过专业的训练和培训，仅凭劳动者个人的本能或经验进行的劳动实践。例如，搬运石块即属于简单劳动。简单劳动是一种社会平均的劳动水平和劳动状态，不需要对人类的身体极限进行挑战或超越即可实现。由于个体对劳动难易程度的理解程度存在差异，因此，一项社会劳动是否属于社会简单劳动，需由社会大众进行判断，而非由个体劳动者进行判断。

复杂劳动与简单劳动相对应，是指需要经过一定的专业训练和教育培训，需要超越本能和经验、挑战身体和心智极限的劳动。例如，制造飞机等即属于复杂劳动。复杂劳动与简单劳动之间存在一定的关系，少量的复杂劳动等于众多的简单劳动。然而，这并不能说明简单劳动与复杂劳动之间不存在质的区别。

3. 从劳动形态的视角划分

从劳动形态的视角进行划分，劳动可以划分为抽象劳动和具体劳动两种类型。马克思主义劳动理论所指的抽象劳动与具体劳动并非指两种性质的劳动，而是指一个劳动的两个方面。其中，抽象劳动是从质的视角对劳动进行观察和审视的结果，具体劳动则是从量的视角对劳动进行观察和审视的结果。

抽象劳动与具象劳动的划分实质上是劳动的共性与个性、普遍性与特殊性的辩证关系。

除了一个劳动的两个方面之外，抽象劳动和具体劳动的划分还是一个历史范畴，属于现代平等社会的劳动二分法。一切劳动由于而且只是由于一般人类劳动而具有的等同性和同等意义，只有在人类平等概念已经成为人们的牢固成见时才能揭示出来。

4. 从劳动酬劳的视角划分

从劳动酬劳的视角来看，劳动可以划分为必要劳动和剩余劳动两种类型。其中，必要劳动又可称为有酬劳动，剩余劳动又可称为无酬劳动。

进入工业时代后，随着社会劳动分工越来越细，劳动者必须进行必要劳动，通过劳动换取劳动者生活的必需品，以满足劳动者自己的生活；除了必要劳动之外，劳动者在劳动过程中所创造的超越自己生存需要的劳动即为剩余劳动。

劳动者从事剩余劳动一方面，受社会劳动制度的影响；另一方面，可以体现劳动者个人的高贵品德、服务社会和自我实现的精神品质。在社会主义和共产主义社会，劳动者进行剩余劳动更加侧重于服务社会和劳动者的自我价值实现的需要。

5. 从劳动价值的视角划分

从劳动价值的视角划分，劳动可以划分为生产劳动和非生产劳动两种类型。生产劳动是指劳动者在劳动过程中不仅能够创造维持劳动者自身生存的生活资料，而且能够为社会提供剩余价值的劳动。非生产劳动则正好相反，是指能够创造出维持劳动者自身生存和发展的生活资料，而不能给他人或社会带来剩余劳动成果的劳动。

生产劳动和非生产劳动是从资本家的视角进行的区分。生产劳动和非生产劳动并不是绝对的，而是可以转化的。判断一种劳动属于生产劳动还是非生产劳动，应从劳动的价值着手进行判断。

二、马克思主义劳动价值观对劳动属性、价值的研究

（一）马克思主义劳动价值观的劳动属性

马克思主义经典作家认为，劳动具有目的性、主体性、客观性、辩证性等属性。

1. 劳动的目的性与主体性

马克思主义劳动价值观中的劳动者不仅使自然物发生形式变化，同时在自然物中实现自己的目的。马克思主义劳动价值观的这一认识彰显出劳动具有目的性属性和主体性属性。

2. 劳动的客观性

马克思主义劳动价值观中的劳动具有主体性的属性，然而并不等同于劳动属

于随心所欲的纯主观活动。劳动必须受制于自然规律和社会规律，这是由劳动者、劳动资料，以及劳动对象的客观性决定的。

劳动者是人，人的个体劳动能力和劳动素质存在一定的差异性，劳动者的劳动效率、劳动质量受劳动者的实际身体构造及劳动者能力的客观限制。劳动者资料既包括现实中客观存在的有形的物质资料，又包括知识、信息等无形资料。劳动对象则包括具体的劳动对象和抽象的劳动对象。由此可见，劳动三要素均受客观规律的限制，且劳动过程受社会生产力发展规律的制约，这使劳动者在进行劳动以及提高劳动生产率的过程中均需要遵循客观规律，从而反映出劳动具有客观性的特点。

3. 劳动的辩证性

劳动的过程是劳动者、劳动资料、劳动对象之间的辩证运动。马克思主义劳动辩证法是马克思主义劳动价值观的重要组成部分，也是马克思主义辩证法的基础性内容。

马克思从劳动与自然、劳动与社会、劳动与人、劳动与意识、劳动与自由等的关系层面对劳动进行了许多丰富而深刻的论述。其中即蕴含着丰富的劳动辩证性思想，具体体现在劳动对象化和非对象化的辩证关系、雇佣劳动与资本的辩证关系、异化劳动与自由劳动的辩证关系等方面。

（二）马克思主义劳动价值观的价值研究

马克思主义劳动价值观揭示了劳动的本质，指出劳动价值的揭示过程是一个长期的、不断演化发展的历史过程。不同时代，赋予劳动不同的价值或彰显劳动价值的不同侧面。

1. 劳动的经济价值和劳动价值的客观性

从马克思主义劳动价值观的客观性来看，劳动是人类社会生存和发展不可或缺的活动，具有不可替代的正面、积极价值。人类社会的存在与发展离不开人类劳动所提供的物质生产资料。可以说，劳动是人类社会立足的根基，劳动的价值具有客观性。任何一个民族或国家，如果停止劳动，很快就会走向灭亡。

2. 劳动的社会价值和劳动价值的社会性与相对性

人类劳动是以特定的社会关系作为依托，在特定的社会关系下进行，并且再生产出一定的社会关系的活动。劳动实践过程中，劳动者借助劳动生产出满足个体物质需要的物质资料的同时，还要生产出满足社会发展的资料，构建适合社会发展的社会关系和政治关系。由此可见，劳动具有社会价值。

劳动价值具有社会性。评价一种劳动有无价值，具有多大价值，均需以社会作为尺度。劳动价值的社会性决定了劳动价值的判断受社会发展和时代变革的制约。劳动价值的社会性决定了劳动的价值具有相对性。同一种劳动，在不同社会条件下，其劳动价值的判断并不完全一致，具有相对性。

3.劳动的人文价值和劳动价值的人文性

劳动价值具有多样性的特点。劳动能够满足人的全方位、多层次的需要。人的需要包括生存需要、享受需要和发展需要，无论哪一种需要均离不开劳动。

劳动是人类区别于动物的重要标志之一，劳动创造了人本身。劳动不仅能够创造物质价值，还能够创造人文价值以满足人类的精神需求。此外，人类在劳动过程中，可以克服人作为动物本能欲望的局限性，挑战身心极限的能力。人类在从事具有挑战性的工作时，在整个劳动时间内需要有作为注意力表现出来的有目的的意志，让劳动成为一种享受。从这一视角来看，劳动价值具有人文性的特点。

三、马克思主义劳动价值观对高校毕业生灵活就业方面的影响

高校作为我国高层次人才的培养基地，所培养的人才不仅承担着为社会培养较高的综合知识和能力的人才，还承担着培养社会主义接班人的重要任务。马克思主义劳动价值观对当代高校毕业生灵活就业和择业有着巨大的启发意义。

马克思主义劳动价值观认为，个人需要是一切工作开展的原始动力。劳动与社会的发展与进步息息相关，具有积极正向的意义，除了推动社会发展外，劳动还是获得个人尊严、满足个人价值的重要途径。

数字经济时代，灵活就业作为一种重要的就业方式在推动社会发展中起着极其重要的作用。尤其是近年来，随着我国企业灵活用工规模的扩大，灵活用工已然成为一种社会发展的重要趋势。然而，由于数字经济时代的灵活用工模式呈现出多样化的特点，许多灵活就业者至今仍然游离在劳动法规之外，未被纳入基于劳动关系的社会保障体系中。

针对我国灵活就业者的劳动地位、劳动关系及劳动保障等特殊的客观现象，近年来，我国政府有关部门，从多个方面对社会灵活就业劳动者的权益的保障与落实进行探索，要求社会有关部门或组织机构加强对灵活就业者的关注，完善灵活就业者的社会保障政策。此外，通过对数字经济共享平台的监督和治理，以及建立健全社会灵活就业者工会制度等措施，为包括高校毕业生就业者在内的社会灵活就业者创造更加良好和规范的发展环境。

第四章　数字经济时代高校人才培养模式研究

第一节　数字经济时代高校人才培养模式的发展趋势

人才培养模式是指高校为了实现人才培养目标，在现代教育理论和思想指导下形成的有关人才培养全过程的模式。数字经济时代，随着技术的发展与应用，对社会经济形态、文化，以及人才培养目标等产生了深远的影响，为了适应数字经济时代的人才需求，高校人才培养模式应产生相应的变化。本节主要对数字经济时代高校人才培养模式的发展趋势进行详细分析。

一、高校人才培养模式类型分析

百年大计，教育为本。高校作为培养社会优秀人才的主力军，承担着为社会培养优秀人才的重要任务。

为了满足社会人才培养的需求，自中华人民共和国成立以来，我国逐渐形成了风格多样、层次多元的高等教育体系。高校数量众多，风格和特色不一，呈现出“千校百面”的特点。不同类型的高校的人才培养目标也不同，从而形成了多样化的人才培养模式。

纵观我国高校的人才培养模式，大体可以划分为通才教育培养模式、专才教育培养模式和复合型人才培养模式三种类型。

（一）通才教育培养模式

通才教育模式重在关注个体全面发展，目的是培养学生成为有道德、有知识、有能力、和谐发展的“全人”。

通才教育模式源于古希腊罗马时期的自由思想教育，我国的通才教育主要通过开设通识课程实现。通才教育模式是我国现阶段高校主要实行的人才培养模式之一。一般而言，采用通才教育培养模式的高校，大多通过选修课的方式拓展学生的知识面，培养学生全方位的知识与能力。

通才教育培养模式注重培养学生的综合性知识与能力，注重学生能力的普遍适应性和广泛的可迁移性特点。此外，通才教育强调不同专业和学科的交叉渗透及融会贯通，能力结构具有多元化、多层次的特点。

通才教育具有鲜明的优势，同时存在一定的局限性。例如，通才教育在强调基础知识教育的同时，忽视了学生对本学科专业知识获取的深度，容易导致学生知识结构广而不专的现象。

（二）专才教育培养模式

专才教育是一种相对于通才教育而言的教育模式，是指培养专门人才的教育，它的目的是培养具备专门技能的人才。专才教育模式常被用于对技能知识要求较高的专业人才培养中。专才教育模式的教学内容相对于通才教育较为专业，更加偏重知识和技能的应用性，重视知识转化后与日常生产、生活的实用性。

专才教育模式作为现阶段我国教育模式的一种类型，为社会特定领域培养和输送了大量专业的优秀人才。尽管如此，专才教育模式也具有一定的局限性。专才教育模式为了培养学生的专业知识，因此通常将学科界限划分得较为鲜明，在一定程度上割裂了各学科之间的联系，容易造成学生的知识面狭窄，不利于学生综合素质的培养和全面发展。

（三）复合型人才培养模式

复合型人才培养模式是指拥有两个或两个以上专业的基本知识和基本技能。与通才教育模式和专才教育模式相比，复合型人才培养模式所培养的人才，既具有较高的综合素质，以及较为广博的知识和能力，也具有较专业的知识和能力，可谓结合了“通才”和“专才”的特点。

数字经济时代，随着信息技术日新月异的发展与广泛应用，对传统社会生产和生活方式产生了极其深远的影响，同时对高校大学生的素质和能力提出了更高的要求。复合型人才不仅具有较为专业的知识和技能，而且具备所学领域及相邻领域学习、解决问题、创新知识和方法的能力，因此更加符合数字经济时代人才培养的要求。

二、数字经济时代高校人才培养需求的变化

数字经济时代，随着信息技术、大数据技术及云计算技术的快速发展与整合，我国经济正处于从需求端向供给端转型的关键时期。随着大量新的经济形态及新职业的出现，社会各企业单位和组织对人才的需求越来越朝着重视“技术＋管理”的人才方向发展。

此外，我国正处于供给侧结构性改革的攻坚阶段，供给侧结构性改革的核

心是促进过剩产能有效化解，促进产业优化重组，以拓展空间培育优势产业、新兴产业，扩大产业和规模。受供给侧结构性改革的影响，社会人才需求面临着结构性人才失衡的特点，即中低端人才“产能过剩”，专业技能人才、创新技术人才和中高端人才“供给不足”，尤其缺乏具有较高素质的数字化人才和跨界职业人才。

受数字经济时代社会人才需求的影响，我国高校人才培养模式也应相应地发展与变化。

（一）数字经济时代人才培养需求的变化

数字经济时代，数字化人才是社会经济发展的重要基础和推动力量，为社会人才需求结构带来了一系列新变化。根据中国信息通信研究院发布的《中国数字经济发展白皮书（2022）》显示，2022年我国数字经济规模达到45.5万亿元，成为我国经济增长的重要动力。数字经济时代灵活就业形态下各种新就业形态和新职业层出不穷，成为吸纳社会就业的重要渠道，同时是高校毕业生就业的主要渠道之一。

2017年1月，全球性管理咨询公司波士顿咨询BCG发布了针对中国数字经济下的就业与人才研究报告《迈向2035：4亿数字经济就业的未来》中预计，2035年中国数字经济将创造4亿就业岗位。数字经济所创造的社会就业岗位所需要的人才主要为数字人才。数字经济时代所需要的人才尚没有具体标准，近年来，国内外学者或组织从不同视角对数字人才的定义与内涵进行了解读（表4-1）。

表4-1 数字人才代表性定义与内涵一览表

组织机构	定义	内涵
清华大学经管学院	所谓数字人才即拥有ICT（信息、通信和技术）专业技能的人才，以及与ICT专业技能互补协同的跨界人才	1. 数字战略管理人才 2. 深度分析人才 3. 产品研发人才 4. 先进制造人才 5. 数字化运营人才 6. 数字营销人才
波士顿咨询BCG公司	所谓数字人才是指从事IT、自动化、分析或数字化工作的人，拥有数字挖掘、工程与分析，编程与网络开发，数字营销，数字设计，移动应用开发，人工智能，机器人与自动化工程等技能	1. 数字战略管理人才 2. 深度分析人才 3. 数字产品研发人才 4. 先进制造人才 5. 数字化运营人才 6. 数字营销人才

除表4-1中所列的两种代表性定义外，其他组织或个人也对数字人才的定义和内涵进行了阐释，这里不再一一赘述。

从以上数字人才的定义可以看出，数字人才是指具备数字专业技能和补充技能的人才。数字经济时代，数字经济人才的技能主要包括普通技能、专业技能和补充技能。

其中，数字经济人才的普通技能是指绝大多数就业者在工作中所使用的基础数字技能，如使用计算机打字、使用常见的软件、浏览网页查找信息等技能。专业技能主要是指开发产品和服务所需要的数字技能，如编程、网页设计、电子商务，以及最新的大数据分析和云计算等技能。补充技能是指利用特定的数字技能或平台辅助解决工作中的一些问题，如处理复杂信息、与合作者和客户沟通、提供方案等。

（二）数字经济时代社会所需的人才画像

数字经济时代所需要的人才，大体可以划分为以下两种类型。

1.专业数字技能人才

数字经济时代，随着数字化转型的深入推进，新型数字消费、数字生产、数字化资源配置在快速发展，专业数字技能人才的社会需求量呈现出急剧增长的趋势。

2020年7月，人力资源和社会保障部中国就业培训技术指导中心联合阿里巴巴钉钉发布了《新职业在线学习平台发展报告》，其中指出未来5年，新职业人才需求规模庞大，预计云计算工程技术人员近150万、物联网安装调试员近500万、无人机驾驶员近100万、电子竞技员近200万、电子竞技运营师近150万、人工智能人才近500万、建筑信息模型技术员近130万、工业机器人系统操作员和运维员均达到125万，数字化管理师从业人员已超过200万，人才缺口近千万。

高校作为社会专业技能人才培养的主要场所，所培养的人才应适应社会发展的需要，应对未来缺口较大的新职业人才加强培养。

以云计算工程技术人员为例。根据人力资源和社会保障部联合国家市场监管总局、国家统计局发布的新职业，云计算工程技术人员是指从事云计算技术研究，云系统构建、部署、运维，云资源管理、应用和服务的工程技术人员。云计算工程技术人员的主要任务包括以下6个方面：

（1）开发虚拟化、云平台、云资源管理和分发等云计算技术，以及大规模数据管理、分布式数据存储等相关技术。

（2）研究、应用云计算技术、体系架构、协议和标准。

（3）规划、设计、开发、集成、部署云计算系统。

（4）管理、维护并保障云计算系统的稳定运行。

（5）监控、保障云计算系统安全。

（6）提供云计算系统的技术咨询和技术服务。

云计算工程技术人员需要掌握 Python 编程、计算科学与思维导论、数据结构与算法、容器开发与应用、云计算平台、机器学习、数据挖掘、深度学习等专业化技能。对此，高校应开设相应专业，培养具备相应技能的人才。

2. 拥有一定数字技能的综合人才

除了专业数字技能人才外，数字经济时代，随着传统经济业态与新技术的融合，传统经济形态在向着数字经济转型的过程中对劳动者提出了更高的要求，劳动者在掌握专业知识和技能外，还需要具备普通数字技能和补充数字技能，才能更好地适应社会人才发展的需求。

例如，在线学习服务师，是传统教育业在迈向数字经济的过程中产生的新型职业。在线学习服务师的工作任务主要包括以下五个方面：

（1）对学习者进行学情分析，提出针对性的学习规划和学习建议。

（2）为学习者提供全方位、全周期的个性化指导、支持和课程管理服务，解决学习者在学习过程中的技术、内容、方法等问题。

（3）负责在线学习的班级管理，为学习者建立和维护在线交互社群，激发学习者的学习动机，提高学习兴趣。

（4）运用分析和评价工具对学习者的学习活动和学习成果进行综合评价并及时反馈。

（5）根据学习者的体验，对学习平台、学习工具、学习资源等提出优化建议。

从在线学习服务师的工作任务可以看出，在线学习服务师从业人员不仅要具备较强的专业知识，以及教学技能；还要求从业人员具备普通数字技能，如此才能承担起在线学习服务师的职责。

又如，农业经理人，是指在农业经济合作组织中，从事农业生产组织、设备作业、技术支持、产品加工与销售等管理服务的人员。农业经理人的工作主要包括以下七个方面：

（1）搜集和分析农产品供求、客户需求数据等信息。

（2）编制生产、服务经营方案和作业计划。

（3）调度生产、服务人员，安排生产或服务项目。

（4）指导生产、服务人员执行作业标准。

（5）疏通营销渠道，维护客户关系。

（6）组织产品加工、运输、营销。

（7）评估生产、服务绩效，争取资金支持。

农业经理人要掌握一定的农业生产知识，具有较高的农业经营和管理能力，此外还应具备基础数字技能，具有较高的综合职业素养，以适应农业经理人的职业要求。

综上所述，数字经济时代，除了信息与通信技术为代表的数字技术领域之外，制造业、金融业、医药、企业服务、娱乐、教育、建筑、交通、媒体、艺术、法律、农业等行业均需要数字技术人才。

从数字经济时代社会所需要的两种类型人才可以看出，数字经济时代，社会所需的人才既应当掌握一定的专业数字技术，也应当具备较高的综合素养，具备知识迁移能力，才能更好地适应社会的要求。

值得注意的是，数字经济时代社会所需的两类人才既可以从事全日制工作，也可以从事灵活就业。

例如，云计算工程技术人员既可以入职专业的云计算公司，也可以从事兼职工作。

三、数字经济时代高校人才培养模式的发展趋势

党的十九大报告提出："人才是实现民族振兴、赢得国际竞争主动的战略资源"，要坚持党管人才原则，聚天下英才而用之，加快建设人才强国。"[1]高校是人才培养的摇篮，是知识创新的主体，是技术创新的源泉。高校所培养的人才必须适应社会的发展需要。

鉴于数字经济时代灵活就业趋势的发展，高校在进行人才培养时应坚持以市场需求为导向，不断创新高校人才培养模式，推动高校人才培养模式朝着多元化人才培养模式的方向发展。

（一）创新型人才培养模式

创新是高校毕业生的重要品质之一。创新人才是推动社会进步和建设创新型国家的核心力量，2015 年，国务院印发《统筹推进世界一流大学和一流学科建设总体方案》，将培养拔尖创新人才作为我国一流大学和一流学科建设的重要

[1] 本书编写组:《十九大报告关键词》，北京，党建读物出版社，2017：51。

任务之一。

所谓创新型人才其本质在于创新能力，是以健康向上的价值观作为人生价值取向、具有勇于挑战的创新精神、多学科综合化知识储备、科学的创新观念的人才。

高校创新型人才培养模式是以获取知识作为基础，以开发智能作为手段，以发展创新能力作为核心，以提高综合素质作为目标的高校人才培养体系。高校创新型人才培养模式通过专业教学和其他教育活动相结合，引导高校大学生构建合理的知识结构和能力结构，在此基础上，充分发挥高校大学生的自身潜力，通过知识和能力的升华，将所学知识与能力内化为高校大学生的综合素质，进而培养高校大学生的思维能力和创新能力。

高校创新型人才培养模式将知识、智力、能力、素质四个方面作为基本要素，四要素之间存在极其紧密的联系。其中，知识是其他三个要素构建的基础，智力作为人的内在因素，需要借助能力体现出来，从这一视角来看，知识与能力之间属于两位一体的关系，统称为“智能”。知识和能力经过升华之后，即可升华为人才的素质，而素质的形成和提高又可以促进知识的获取和拓展以及智能的发挥与发展，提升人才的思维力。人才的知识、智力、能力、素质四要素经过优化组合之后即可形成创造力。思维和创造力经过整合即造就出创新型人才。

高校创新型人才培养模式是以满足社会对创新型人才的需求为目标而建立的人才培养模式，包括人才培养目标、人才培养基本规格、人才培养过程、人才培养评价体系四个方面的内容（表 4–2）。

数字经济时代，实行创新型人才培养模式能够在培养高校大学生专业知识和能力的基础上，重点培养高校大学生的创新思维和创新能力，以使高校大学生更加适应数字经济时代的灵活就业趋势。

表 4–2　高校创新型人才培养模式运作机制一览表

项目	要求	备注
创新型人才培养目标	强调人才的创新精神与创新能力	—
创新型人才培养基本规格	创新能力的规格	1. 具备创造性观察能力，创造性思维能力和创造性表达能力 2. 能够撰写科技论文 3. 能够完成创新课题设计并撰写富有新颖性和创造性的毕业论文 4. 能够从事一定的科学研究或技术创新工作

续表

项目	要求	备注
创新型人才培养基本规格	思想道德素质规格	1. 坚持拥护党的领导 2. 学习新时代中国特色社会主义理论 3. 树立社会主义民主法治观念 4. 树立以社会主义集体主义为核心的人生观和价值观 5. 养成良好的学风 6. 养成高尚的社会主义道德品质和文明行为习惯
	文化素质规格	1. 掌握一定的文、史、哲基本知识 2. 熟悉中国文化发展的基本脉络 3. 了解世界近现代史 4. 学习文化艺术类课程 5. 了解反映现代科学技术和知识创新的人文背景 6. 了解现代企业制度 7. 了解社会可持续发展战略相关的人文知识
	业务素质规格	1. 独立自主完成学习任务和作业 2. 尊重客观规律，自觉抵制伪科学 3. 注重理论联系实际 4. 追求质量意识、精品意识和创新意识 5. 养成团体意识和协作精神
	身心素质目标	具有健康的体魄和良好的心理
创新型人才培养过程	学制	弹性学制，允许学生提前毕业或自续毕业
	教育阶段划分	包括基础教育阶段和专业教育阶段
	课程设置	模块化和系列结构课程
	学分制	在必修课之外，增加选修课比例
人才培养评价体系	学生学业评价、教师教学评价、学生创新素质与能力的评价	—

（二）产教融合人才培养模式

职业教育是我国高等教育的重要组成部分，产教融合是职业教育区别于其他教育最重要的特征。产教融合人才培养模式是将生产与教育有机地结合起来，实现理论知识的传授与实践知识传授的有机协调与融合，提高人才的实践能力。

进入21世纪以来，我国逐渐进入社会经济体制改革的深化期、促进经济转型升级的关键攻坚期，随着数字技术的更迭换代，人工智能、大数据及物联网等新兴产业发展迅速，传统农业和工业制造业逐渐转型升级，在此历史时期，我国迫切需要产教融合的创新人才。

产教融合将教育系统和产业系统有机结合起来，形成一个新的开放的系统。作为数字经济时代人才培养模式之一，产教融合不仅可以让企业加入到高等教育人才培养之中，而且可以通过校办企业的方式为高校学生提供实践平台，为培养产学结合的应用型和实践型人才培养提供了良好的途径。

产教融合的人才培养模式经历了多个发展阶段。最早源于联合办学，后经过产教结合、工学结合、校企结合等逐渐发展至产教融合（表4-3）。

表4-3 我国产教融合人才培养模式的发展轨迹一览表

阶段	政策／文件	内容
第一阶段 联合办学阶段 （1978—1992）	《关于中等教育结构改革的报告》《关于改革城市中等教育结构、发展职业技术教育的意见》《关于教育体制改革的决定》等	强调学校与企业的联系与合作，出现了多所隶属于企业的职业大学
第二阶段 产教结合阶段 （1992—2001）	《面向21世纪教育振兴行动计划》等	强调职业院校要通过产教结合使学生更多地参与实践掌握技能
第三阶段 校企合作阶段 （2002—2013）	《关于大力发展职业教育的决定》	倡导推行工学结合、校企合作的人才培养模式
第四阶段 产教融合阶段 （2013年至今）	《现代职业教育体系建设规划（2014—2020年）》《国务院办公厅关于深化产教融合的若干意见》《职业学校校企合作促进办法》《国家职业教育改革实施方案》	将“产教融合”作为职业教育发展的核心，推动产教融合人才培养模式落地

近年来，为落实国家产教融合这一战略性举措，国家各部委出台多项产教融合政策。

2017年，国务院办公厅发布《关于深化产教融合的若干意见》指出，深化产教融合，促进教育链和专业链同产业链、创新链有机衔接。

2019年，国家发展改革委、教育部印发《建设产教融合型企业实施方法（试行）》指出，省级政府要落实国家支持企业参与举办职业教育的各项优惠政策。

2019年，国家发展改革委发布《国家产教融合建设试点实施方案》指出，建立产教融合型企业制度和组合式激励政策体系。

2020年，教育部、国家发展改革委、工业和信息化部、财政部等九部门联合发布《职业教育提质培优行动计划（2020—2023年）》指出，深化职业教育产教融合、校企合作，健全以企业为重要主导、职业学校为重要支撑、产业关键核心技术攻关为中心任务的产教融合创新机制。

经过多年的实践经验，产教融合人才培养模式已然成为我国高等职业院校的主要人才培养模式，并逐渐形成了五种具体模式。

1. 引企入校

引企入校的人才培养模式是指学校通过引入企业的人才、设备、注重和培训体系等资源，通过校企共建生产性实训基地的方式对企业的实际生产环境进行模拟教学，从而提升学生的职业能力，提升人才培养质量。

2. 厂中校

厂中校的人才培养模式是指高职院校为企业提供优质的人力资源，在满足企业用工需求的同时，给企业提供技术咨询，协助企业技术升级与发展。对于高职院校来说，学生在真实的生产环境中提升了技术应用能力，教师在企业实践中补足了实践短板，从而实现校企合作的双赢。

3. 集团办学

集团办学是指由多元主体共同组建，实现职业教育各类资源开放共享，形成专业链、产业链、岗位链、教学链的衔接，进而构建系统的技术应用人才体系，培养高职应用型人才。集团办学具体又可划分为三种类型，即区域型职教集团、行业型职教集团、跨区域跨行业职教集团。

4. 校办企业

校办企业顾名思义即是指高职院校通过兴办企业的方式培养人才的模式，校办企业既对外经营，又是学校学生的实践基地。

5. 企业办学

企业办学是指企业在国家教育部门的批准下作为投资人开办职业院校培养人才的一种方式。企业办学模式对企业规模、资质等方面有着严格要求。

产教融合人才培养模式在强调高校学生专业课程教学的同时，为学生提供了更加灵活和多样化的应用实践平台，能够更好地培养学生的专业实践能力和知识迁移能力，从而使高职院校学生更加适应数字经济时代毕业生灵活就业的发展趋势。

第二节 数字经济时代高校人才培养模式的理念创新

数字经济时代，随着高校毕业生从事灵活就业人数越来越多，企业灵活用工规模越来越大，高校人才培养模式也发生了一定变化，朝着创新型人才培养模式和产教融合人才培养模式发展。随着高校人才培养模式的变革，高校人才培养模式的理念也应进行相应地创新。本节主要对数字经济时代高校人才培养模式的理念创新进行详细分析。

一、树立专创融合的人才培养理念

高校人才培养理念是高校教育活动的参与者，在教育实践中根据教育现象的总结和凝练所形成的教育观点、教育目标以及教育智慧。人才培养理念对人才培养实践活动起着导向性和调控性的作用，能够对人才培养活动的教育目标、教育内容、教育形式、运行机制等进行规范。

高校创新型人才培养模式将创新思维和创新能力作为人才培养的重点，通过专业课程的学习以及大量选修课以及实践课的学习，全面提升高校大学生的整体素质。

实行高校创新型人才培养模式应树立专创融合的人才培养理念。专创融合的人才培养理念倡导将专业教育与创新创业教育的有机融合，教育由学科专业单一型向多学科融合型转变。专创融合人才培养理念通过开设跨学科的交叉融合课程、强化实践等手段，促进专业知识与创新创业知识的耦合，培养学生的思维、能力、意识和态度。

数字经济时代，随着数字技术的快速发展及我国经济体制的深度变革，为高校毕业生创造了前所未有的创新创业机遇。高校创新型人才培养模式注重培养学生运用创新思维解决在实际工作岗位上遇到的问题，强调学生的专业知识运用及专业知识迁移能力，此外还应注重培养学生的创新、创业能力。

专创融合的人才培养理念通过将学生所学专业与高校的创新创业融合起来，引导学生构建专业的创新创业能力体系，提升高校毕业生自主创业的质量。

高校传统人才培养模式中专业教育与创新创业教育之间存在分离的客观现象，这是由专业教育与创新创业教育的不同目标所导致的。单纯的专业教育以培养具有专业知识素养的人才作为目标，而创新创业教育则侧重于人才的创新知识与能力的培养。

高校传统人才培养模式易导致高校大学生素质发展的不完备性和片面性。高校人才培养模式中坚持专创融合理念，有利于培养互补性综合型人才，从而使高校大学生的创新方向有的放矢，从而引导高校毕业生利用专业学科知识进行创业，在数字经济时代进行高质量的自主创业，构建长远的职业规划。

二、树立以市场需求为导向的人才培养理念

十年树木，百年树人。教育在人的成长过程中起着慢变量的作用，教育成果即人才必须服务于当下社会需求。从这一视角来看，教育应具有一定的社会超前性、创新性，如此才能适应未来人才市场的需求。

高等教育肩负着国家和民族培养高层次人才的培养重任，而一个国家和民族高层次人才的培养更应具有超前性和主动适应性，以适应未来国家经济的发展。

高职院校的产教融合人才培养模式通过高校与企业的深层次合作，提升高校人才培养质量，培养技术技能型人才。产教融合人才培养模式注重培养高校大学生的专业应用能力，以更加适应社会对人才的需求。因此，数字经济时代，高职院校在产教融合人才培养模式下应当树立以市场需求为导向的人才培养理念。

数字经济时代，随着数字新技术的发展与应用，新产业和新业态的迭代周期越来越短，社会人才需求的变化频率也越来越快。数字技术不仅推动着互联网和人工智能等科技企业的快速发展，而且对传统产业产生了颠覆性的影响，促进传统产业进行升级改造。无论是科技企业还是传统产业的升级均要求未来人才适应社会的发展。

以市场需求为导向的人才培养理念要求高职院校产教融合的过程中注重对学生创新能力的培养，提高学生的专业创新能力和应用能力，从而使高校人才更加适应未来社会市场的需要。

第三节 数字经济时代高校人才培养模式的路径创新

数字经济时代，随着高校毕业生就业趋势灵活化以及企业用工需求多元化和灵活化趋势的发展，社会人才市场越来越倾向于具备较高的专业性、综合素质全面、适应能力强、实干精神强、创新意识强和具有国际竞争力的人才。数字经济时代，坚持创新型人才培养模式和产教融合的人才培养模式应从以下四个方面着手。

一、以社会主义核心价值观为导向

数字经济时代，高校人才培养中应将社会主义核心价值观纳入高校大学生的价值观教育领域，引导高校大学生形成正确的人生观和价值观。高校承担着国家和民族高层次人才培养的重任，学校教育中除了知识教育，还包括价值导向、行为准则以及道德标准教育，以此培养大学生的价值观和人生观。

当前，我国正处于社会主义初级阶段，整个国家和人民正走在中华民族伟大复兴的中国梦道路上。因此，在学校教育中应大力弘扬社会主义核心价值观，以社会主义核心价值观为导向确定学校教育理念，将社会主义核心价值观纳入高校创新型人才培养模式和产教融合人才培养模式中，从而实现学校教育与社会主义核心价值观教育的有机结合。

高校还承担着培养社会主义事业接班人的重要职责。这一教育目标的实现，需要以社会主义核心价值观为基础和准则，从而更好地培育大学生群体的社会主义核心价值观。

在高校教育中开展社会主义核心价值观教育，以社会主义核心价值观对大学生的职业观进行引导，有利于大学生形成正确的职业观，打破传统就业偏见，引导大学生将个人理想和社会主义建设目标结合起来。

二、优化高校人才培养的课程体系

数字经济时代，高校人才培养应在培养高校大学生的专业知识和素养的基础上，着重培养高校大学生的创新创业能力，坚持以市场需求为主和专创结合教育理念构建课程体系。数字经济时代，高校人才培养的课程体系应从以下三个方面着手。

（一）优化人才的知识结构

数字经济时代，高校创新型人才培养模式和产教融合人才培养模式均对高校人才的知识结构提出了较高要求。一方面，要求高校人才具备专业化的知识水平；另一方面，要求高校人才具备较强的专业实践能力和专业知识以外的广阔的知识储备，形成有层次的、最优化的、相互协作的知识体系。

受数字经济时代高校毕业生就业趋势灵活化、多元化的影响，高校毕业生知识结构应当呈现出“宝塔式”结构。第一层级为通用的基础专业知识；第二层级为精深的专业性知识（包括专业实践知识）；第三层级为广阔的相关学科性知识；第四层级为前沿性知识。高校人才只有具备这四种层级的知识，才能成为走在时代前沿的创新型人才，才能在未来职业发展中更好地适应时代、融入时代。

（二）优化人才的能力结构

知识和能力是构成人才未来发展的两个方面。数字经济时代，高校创新型人才培养模式和产教融合人才培养中还应注重人才的能力结构，包括独立思考的能力、知识综合能力、创新思维能力、组织协调能力。高校人才的能力结构之间的各个要素相互影响、相互联系，缺一不可。

（三）优化人才的素质结构

数字经济时代，在数字新技术的影响下，社会发展呈现出一日千里的态势。高校创新型人才和产教融合人才除了具备知识和能力结构之外，还应具备一定的素质结构。这里的素质结构主要是指高校大学生生理和心理素养。数字经济时代，越来越多的高校毕业生加入灵活就业的行业。有的高校大学生以自由职业作为就业方向，有的高校大学生通过自主创业实现个人价值，还有的高校大学生倾向于依托数字服务平台进行就业。无论是哪一种就业方式，高校毕业生均面临着比全日制就业形式更多的锻炼机会。

以自主创业为例。创业是一项艰苦的活动，在创业过程中，创业者可能遭遇各种各样的困难，随时面临着失败的可能，只有拥有良好的创业心理，才能确保创业者在创业过程中始终保持良性积极的心理，做出理性的决策。此外，创业还是一项对体力消耗极大的活动，要求创业者具备强健的体魄。

数字经济时代，在创新型人才和产教融合人才培养模式下，高校应在知识和能力结构之外，重点培养高校大学生的综合素质，引导高校大学生形成独立自主性、探索求知欲、意志坚定性、自律自信性等优良品质。

三、构建多学科融合的教师队伍

高校教师队伍建设是人才培养的关键，高校创新人才培养模式和产教融合人才培养模式均需要构建多学科融合的教师队伍。

以创新型人才培养模式为例。高校创新人才培养模式以培养创新型人才为主，在注重培养学生的专业知识与能力的同时，注重培养学生的综合性知识，尤其是与本学科专业相关的新兴、交叉和前沿学科知识，在此基础上培养学生的创新能力。因此，高校教师队伍也应具备专业扎实、知识渊博、实践能力强、学术水平高及综合素质好的特点。

此外，为了适应数字经济时代高校毕业生多元化、灵活化就业趋势的发展，高校教师队伍中还应包含创新创业教师。

四、建设人才培养新平台

数字经济时代，随着高校毕业生就业趋势的多元化和灵活化发展，高校人才培养也越来越注重知识与实践的结合，力争在提升学生专业知识的同时，提升学生的知识迁移能力和创新能力，使高校学生更加适应未来就业形势的需求。因此，高校在人才培养中除了校内教育之外，还应注重建设人才培养的新平台。

以产教融合型人才培养模式为例。产教融合型人才培养模式培养倡导将专业知识的学习与应用结合起来，培养学生的综合素质与能力。产教融合型人才培养模式下，高校纷纷与企业合作构建多种形式的人才培养基地或人才培养新平台。

例如，深圳某高职院校通过对接当地科技、产业创新发展需求，与当地的龙头企业、领军企业、科研机构等联合创办了十多个特色产业学院，为区域经济市场培育“大国工匠”。

同时，该高职院校依托共建特色产业学院，探索多元化办学体制，整合优质社会资源，共建瞄准世界产业发展前沿和与重点产业相匹配的专业，校企共同建设高水平专业、共同开发课程标准、共同打造教学创新团队、共同设立研发中心、共同开发高端认证证书、共同“走出去”，最终实现共同培养高素质技术技能人才（表 4–4）。

表 4-4 深圳某高职院校与企业联合的特色产业学院

序号	产业学院	共建单位
1	华为信息与网络技术学院	深圳某高职院校电子与通信工程学院与华为技术有限公司合作建立
2	深职院天健建工学院	深圳某高职院校建筑与环境工程学院与天健集团合作建立
3	百科荣创·arm·智能硬件学院	深圳某高职院校电信学院与百科荣创（北京）科技发展有限公司合作建立
4	深职院裕同图文传播学院	深圳某高职院校传播工程学院与深圳市裕同包装科技股份有限公司合作建立
5	深职院金融科技学院	深圳某高职院校经济学院与平安科技（深圳）有限公司、平安银行股份有限公司合作建立
6	阿里巴巴数字贸易学院	深圳某高职院校商务外语学院与阿里巴巴（中国）网络技术有限公司合作建立
7	比亚迪应用技术学院	深圳某高职院校汽车与交通学院与比亚迪股份有限公司合作建立
8	美团数字生活学院	深圳某高职院校管理学院与北京三快在线科技有限公司合作建立
9	深职院大族激光学院	深圳某高职院校机电工程学院与大族激光科技产业集团股份有限公司合作建立
10	招商局海丝学院	深圳某高职院校管理学院与招商局港口控股有限公司合作建立
11	水贝珠宝首饰设计学院	深圳某高职院校艺术设计学院与深圳市水贝珠宝控股有限公司合作建立

从表 4-4 中可以看出，高职院校产教融合人才培养模式中，通过特色学院、实训基地等新平台建设，高校可以在实践教学过程中，积极与行业、企业联系，探索校企联合、共同育人机制，将理论教学与实践应用紧密结合，充分整合高校与行业企业的资源，实现优势互补、共同发展，联合培养适应智能时代需要的复合型创新型高素质人才，而由于高校所培养的人才具备了复合型创新素质，在数字经济时代就业形势下，高校毕业生可以结合自己的专业和兴趣进行择业和就业，进行长远的职业规划，实现高质量就业。

第五章　数字经济时代高校就业指导教育研究

第一节 高校大学生就业指导教育概述

高校大学生就业指导教育是高校教育的重要组成部分，也是帮助大学生了解国家就业方针政策，端正就业择业心态，树立正确就业择业观，提高大学生就业率，帮助大学生顺利走向职场的教育。本节主要对中国高校大学生就业指导教育的概念、价值等进行概述。

一、大学生就业指导教育的概念与特点

（一）大学生就业指导教育的概念

大学生就业指导是指高校在国家有关政策和法律的规范、指导下，为大学生就业提供教育、培训、信息、咨询等服务，以促进人才资源的合理配置，推动经济社会的繁荣与发展的一项社会活动。

大学生就业指导教育是高校通过一定的方式对大学生就业政策和规范的教育、就业形势的分析、就业和择业心理的调适与技巧的培养，引导大学生进行职业生涯规划，树立大学生正确的就业观和择业观的社会活动。

（二）大学生就业指导教育的特点

1.大学生就业指导教育的政策性

大学生就业指导教育是一项政策性很强的工作。大学生作为国家高等教育培养的人才，大学生就业指导教育应以国家和政府有关部门制定的大学生就业相关政策、规定、办法作为依据，指导和规范大学生的就业行为，维护大学生的正常就业秩序。

我国教育部十分重视大学生就业指导教育，早在20世纪90年代即出台了《普通高等学校毕业生就业工作暂行规定》。进入21世纪以来，随着我国教育制度改革不断深化，制定和出台了大量关于高校大学生就业制度的政策，这些政策对大学生就业指导教育具有较强的指导性。

例如，2020年11月，教育部为了贯彻落实党中央、国务院“稳就业”“保

就业”决策部署，发布了《教育部关于做好2021届全国普通高校毕业生就业创业工作的通知》，其中强调进一步提升高校大学生就业指导服务水平，各地各高校要针对不同年级开展学生职业发展和就业指导活动，提供职业发展咨询和就业心理咨询服务，引导学生树立健康、积极、理性的就业心态。

2. 大学生就业指导教育的引导性

大学生就业指导教育涉及大学生就业择业的观念、技巧等内容，旨在提高大学生就业率，帮助大学生树立职业目标和职业理想，做好职业规划。由此可见，大学生就业指导教育具有突出的引导性特点。

大学生就业指导教育的引导性主要表现在以下五个方面。

（1）引导大学生正确、全面地认识自我，确立职业方向，做好职业规划。

（2）引导大学生全面、客观地认清就业形势。

（3）引导大学生树立正确的就业、择业观念。

（4）引导大学生克服就业过程中可能遇到的焦虑、攀比、自负和自卑，以及盲目从众等心理。

（5）引导大学生学习和掌握就业、择业的方法和技巧。

3. 大学生就业指导教育的实践性

大学生就业指导教育作为一种特殊教育，以提高大学生就业率为宗旨，具有较强的实践性。鉴于大学生就业指导教育的实践性，大学生就业教育从实际出发，对国家就业政策和就业形势进行研究；同时对大学生的就业意向及就业心理进行研究，在教育实践中根据相关政策和大学生具体就业意向做好心理安排和规划课程，不断提升就业指导教育的针对性和实效性。

大学生就业指导教育的实践性主要从以下三个方面彰显出来。

（1）不同高校就业指导教育的立足点不同，应从本校学生的实际情况出发进行就业指导教育。

（2）结合国家政策对不同层次的高校学生进行就业指导教育。

（3）在课堂教学之外，还应通过实地参观、考察调研、模拟招聘等实践环节提升高校大学生就业教育的实效性。

4. 大学生就业指导教育的时效性

大学生就业与国家或地区的经济发展状况、教育政策等因素之间有着密不可分的联系，而一个国家和地区的经济发展和教育政策均具有较强的时代性。因此，大学生就业指导教育也应具备一定的时效性。

大学生就业指导教育的时效性主要体现在以下两个方面。

（1）大学生就业指导教育应以每年的社会经济发展形势和就业形势作为前提和基础。

（2）大学生就业指导教育应在大学生毕业离校前完成。

5. 大学生就业指导教育的系统性

大学生就业指导教育是一种系统性教育，随着大学生就业指导实践和研究的不断深化，我国大学生就业指导教育的内容更加趋于完善，呈现出较强的科学性和系统性特点。

二、大学生就业指导教育的发展史

大学生就业指导教育起源于西方国家，早在 1894 年，美国加利福尼亚工艺学校即开展了职业辅导实践活动。1909 年，被后人誉为“职业辅导之父”的弗兰克·帕森斯在美国波士顿建立了世界上首个职业局，并率先使用了就业指导的概念。1911 年，美国哈佛大学开设了就业指导课，帮助学生及时了解市场人才需求，提高学生的职业兴趣和职业定向意识，提高学生的人际交往能力和求职技巧，并且为高校毕业生初次就业者进行心理测试。1913 年，美国“全国职业辅导协会”成立，将教育、职业、生活和社会等内容作为工作范围。该协会于 1915 年出版发行《职业辅导学刊》，推动了职业辅导的发展。

之后，美国大学生就业指导教育获得了快速发展。至 20 世纪 80 年代，随着《卡尔·D. 波金斯职业教育法》《职业及应用技术教育修订法案》《高等教育法》《中小学教育法》等法律的颁布和实施，以及“国家生涯发展协会”的成立，美国的职业辅导发展逐渐趋于成熟。

除了美国，英国、德国等西方国家的大学生就业指导教育也逐渐发展成熟并形成了各自的特点，这里不再赘述。

中国大学生就业指导教育最早可追溯至 1916 年，清华大学邀请实业界和教育界专家、名人到校作职业生涯发展演讲，并对学生的职业倾向进行调查，以指导学生升学与择业。

1917 年，黄炎培、蔡元培、梁启超等人在上海创立了中华职业教育社。1919 年 10 月，中华职业教育社的机关刊物——《教育与职业》创刊。1920 年，中华职业教育社成立专门的职业教导部，在了解各学校学生的能力和职业志愿的基础上，了解社会人才需求，并在各地学校学生毕业前到学校开展一系列职业指导活动。1923 年，中华职业教育社在职业指导部下成立职业指导委员会，出版“职业指导丛书”，扩大职业指导的社会影响力。1924 年，中华职业教育社发起全国性的职业指导运动，引发了教育界的广泛关注。

1927年，中华职业教育社又建立了我国第一个直接为社会服务的组织——上海职业指导所。从1927年开始，我国许多学校陆续开设职业指导讲座，积极开展对学生的职业指导宣传和咨询等工作。

综观20世纪初期，我国社会上开展的职业指导已初步具备了就业指导教育的功能。

中华人民共和国成立后，受我国高等教育政策和规模的影响，我国高校人才实行统筹分配的政策，高校大学生就业指导教育进入沉寂期。1978年以后，为了适应我国经济制度改革，我国高等教育制度也进行了改革，高等教育逐渐从精英化向着大众化、普及化发展，尤其是自20世纪90年代以来，随着高等教育规模不断扩大，逐渐成为世界上规模最大的高等教育体系。进入21世纪后，我国高等教育毛入学率不断提升，截至2021年年底，我国高等教育的毛入学率达到57.8%，标志着高等教育已进入普及化发展阶段。

自20世纪90年代以来，随着我国高等教育规模的持续发展，我国高校在校生人数持续上升，为了适应社会市场体制对人才的需求，我国打破了高等教育人才统筹分配政策，引进人才市场竞争机制，学校教育与就业、学生学习与职业选择之间的关系日益密切。在这一背景下，我国高校大学生就业指导教育重新焕发出新的生命活力。

1993年，中共中央、国务院印发《中国教育改革和发展纲要》，其中指出在高校开展大学生就业指导工作。

1995年，原国家教委办公厅发布通知，要求全国各高校开设就业指导课程。同年，《大学生就业指导》出版，成为中华人民共和国第一本专门的就业指导教材在全国高校进行试用。

1996年，在我国有关政策的指导下，我国高校全面拉开了成立大学生就业指导机构的工作，并确立高校大学生就业指导的基本职责。

1998年，“全国高校就业指导中心”更名为“全国高等学校学生信息咨询与就业指导中心”，2022年2月再次更名为教育部学生服务与素质发展中心。

进入21世纪后，我国大学生就业指导教育进入了新的阶段。2002年，教育部发布《教育部关于进一步加强普通高等学校毕业生就业指导服务机构及队伍建设的几点意见》，对高校毕业生的就业提出了指导意见。

2007年，国务院办公厅发布《关于切实做好2007年普通高等学校毕业生就业工作的通知》，其中指出将就业指导课程纳入教学计划。同年，教育部办公厅印发《大学生职业发展与就业指导课程教学要求》。

2008年，在国家有关政策的指导下，我国各高校开设了就业指导课程，进一步推动了我国高校大学生就业指导教育的发展。

2010 年，教育部发布《关于大力推进高等学校创新创业教育和大学生自主创业工作的意见》，规定高校开展创新创业教育，鼓励高校学生进行自主创业，以创业带动就业活动。

自此，我国大学生就业指导与创业教育结合起来，创新创业教育成为大学生就业指导教育的重要内容。

2015 年，国务院出台有关政策要求各高校开发创新创业教育的必修课、选修课程并将其纳入学分机制。

2021 年 11 月，教育部发布《关于做好 2022 届全国普通高校毕业生就业创业工作的通知》，其中强调各地各高校要把就业教育、就业引导全面纳入大学生思想政治教育体系，多种形式开展就业育人主题教育系列活动，打造一批大学生就业创业教育基地，引导毕业生树立正确的职业观、就业观和择业观。

纵观我国高校大学生就业指导教育的发展史，我国高校大学生就业指导教育的功能呈现出逐渐丰富化的特点。现阶段，我国高校大学生就业指导教育的内容主要包括职业生涯规划、认识与塑造自我、创业教育、创业素质与训练、就业信息获取、求职材料制作、就业途径及人事代理、择业心理调适、就业协议与劳动者权益保护等。

三、大学生就业指导教育的价值

自改革开放以来，随着我国高等教育规模的发展，我国高校毕业生人数呈现出持续增长的态势（图 5-1）。据教育部统计数据显示，2022 年我国高校毕业生规模将达到 1 076 万，首次突破千万大关。

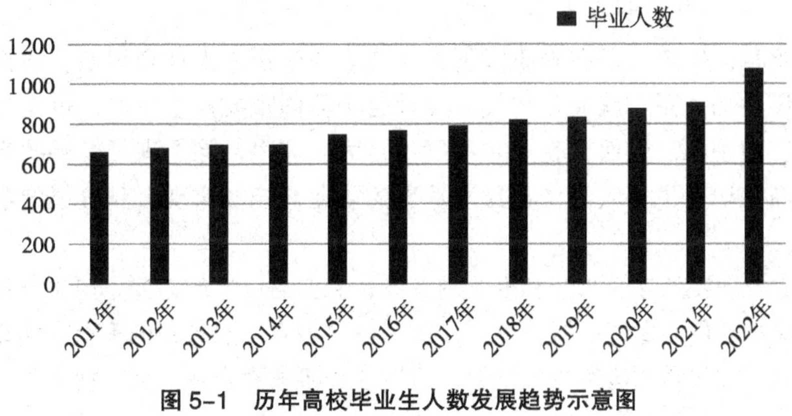

图 5-1 历年高校毕业生人数发展趋势示意图

鉴于高校毕业生人数持续增长，我国高校毕业生面临着严峻的就业形势，而大学生就业指导教育在提高大学生就业率和就业满意度，引导大学生树立正确的就业观、做好职业生涯规划等方面均起着极其重要的意义。

（一）大学生就业指导教育能够引导大学生树立正确的就业观和择业观

就业观和择业观是指人们在特定的人生观和价值观的基础上对未来从事的职业和发展目标的基本认识和态度。高校毕业生在进入社会初期，往往存在对就业困难预估不足，或现实与理想差距较大的现象，在找不到满意的工作，或找到的工作不满意时，高校毕业生易产生不良心态和错误的价值观。大学生就业指导教育在引导大学生转变就业观念，树立正确的就业观和择业观，不断提升职场竞争力和主动适应社会的能力等方面起着不可或缺的作用。

高校大学生的就业观和择业观与大学生的求职、择业和就业等活动之间存在密切关系。

1. 生存与发展的关系

大学生毕业后走上社会开始独立生活后，逐渐脱离了父母的经济支援，面临着生存与发展之间如何取舍的问题。毕业生在就业之前，通常对未来的职业发展抱有较高的期望。然而在实际就业和择业过程中，逐渐认识到自身综合素质和能力与期望中的职业道路存在一定的差距，因此往往受就业形势和自身生存所迫而选择不甚理想的职业。

大学生就业指导教育能够引导学生正确地认识理想和现实之间的差距，引导毕业生既立足于现实，又对未来发展充满信心，通过自身的努力实现职业理想。

2. 事业与谋生的关系

事业与谋生之间存在本质区别，高校毕业生在进入社会初期，往往分不清事业与谋生的关系。就业是现代人类社会个体的重要谋生手段，也是现代人类社会的普遍现象。然而，就业并不仅仅是为了谋生，除了满足必要的生存需要之外，高校毕业生还应当将自身所从事的职业与能够实现自身价值的事业融合在一起。

人生发展要处理好职业和事业的关系，职业是谋生的需要，应忠于职守，将本职工作尽心尽力做好。事业是个人的爱好，做自己感兴趣的事情，实现自身价值。最好的方式是两者有机的结合，将职业和事业融合在一起，使人生价值得以实现。

高校毕业生作为国家培养的高层次人才，是中国特色社会主义事业的接班人，肩负着重要的任务。高校大学生就业指导教育能够引导学生正确地看待和处理事业与谋生的关系，将个人职业理想与中国特色社会主义建设目标结合起来，树立伟大的、长期的职业理想。

3. 奉献与索取的关系

奉献与索取看似是一个相互矛盾的概念，却是就业过程中客观存在的事实。劳动者就业的过程是通过劳动获得相应报酬的过程，这一点无可厚非。然而，在社会发展的过程中，个体作为社会的一分子，在享受社会提供的种种便利之余，也应为社会做出相应的贡献，通过在就业岗位上创造价值的途径回报社会。

高校大学生就业指导教育能够引导大学生将为社会做贡献与索取，以及实现自我价值有机结合起来。大学生的自我价值是由社会决定的，大学生的自我价值往往在其所属的集体价值实现后才能实现。高校毕业生在就业时，应正确处理索取与奉献的关系，积极响应国家号召，到生产经营的一线、基层、偏远地区就业，以大显身手，将实现自身人生价值与推动中国特色社会主义建设事业结合在一起。

（二）大学生就业指导教育能够帮助大学生进行职业选择

大学生就业指导教育能够引导大学生根据自身的职业意向、职业兴趣、职业能力，以及自身的个性与社会需要结合起来，从众多职业岗位中选择适合自己的职业岗位。

1997 年，我国教育部发布的《普通高等学校毕业生就业工作暂行规定》中指出供需见面和双向选择活动是落实毕业生就业计划的重要方式。2000 年，我国教育部将毕业生的“派遣证”改为“报到证”，标志着我国毕业生就业实行“双向选择，自主择业”就业制度改革的确立。进入 21 世纪以来，我国高校毕业生就业“双向选择，自主择业”制度不断完善。

高校大学生就业指导教育以“双向选择，自主择业”作为政策依据，包含两层意义：一是高校毕业生对用人单位进行选择；二是用人单位对高校毕业生就业者进行选择。因此，高校毕业生在就业和择业时，应从自身的职业理想和职业兴趣、职业能力出发，同时应充分考虑就业市场的特点。

大学生职业选择不仅关系到大学生个人的未来职业发展及个人价值能否实现，而且关系着大学生能否为国家和社会做贡献。因此，大学生的职业选择无论对大学生个体还是对整个社会的发展均具有极其重要的意义。

大学生就业指导教育则能够帮助和引导大学生进行职业选择，具体表现在以下两个方面。

（1）大学生就业指导教育能够实现大学生就业者与职业岗位的优化组合。大学生就业指导教育能够帮助大学生充分了解自身的职业能力、职业兴趣，以及个性特点，根据自身的综合素养进行职业选择，从而使劳动者与职业岗位获得优化组合。

（2）大学生就业指导教育能够充分调动大学生就业者的职业期待，从而激发大学生就业者的劳动积极性和主动性，从而提升劳动生产效率。大学生就业指导教育引导毕业生从自身特长和兴趣，以及职业理想出发进行职业选择，引导毕业生选择与自身的兴趣、爱好、能力、气质和性格相一致的就业岗位，从而有利于毕业生将谋生与事业结合起来，将经济效益与社会效益结合起来，在实际工作中投入积极性与主动性，为社会做出贡献。

（三）大学生就业指导教育能够促进大学生的发展与成才

大学生是国家和民族未来发展中的宝贵人力资源，大学生对社会的贡献与其职业选择息息相关。大学生就业指导教育通过职业生涯规划等课程，引导大学生正确认识自身，做好职业生涯规划，树立清晰的远、中、近职业目标，帮助大学生在未来人生道路上的关键时刻进行正确选择，从而为大学生的未来职业发展与成才奠定良好的基础。

（四）大学生就业指导教育有利于拓展大学生的就业空间

大学生就业指导教育在引导大学生充分了解和评估个人的职业能力，寻找个人职业兴趣，树立未来职业目标的同时，还结合社会就业市场形势及社会未来发展趋势引导大学生学习实现职业理想，达成职业发展目标的方式方法和手段。

除了常规就业方法，大学生就业指导教育还对大学生进行创新创业教育，培养大学生的创新思想、创业精神和创业能力的同时，开拓大学生就业思路，使大学生在就业时不再局限于社会上现有的职业，改变传统大学生就业时的“等、靠、要”思想，通过主动出击的方式，选择有利于未来职业发展的就业方式，如自主创业、自主职业等。由此可见，高校大学生就业指导教育在拓展大学生的就业空间方面起着极其重要的作用。

（五）大学生就业指导教育有利于促进社会和谐发展

自改革开放以来，我国高校毕业生人数逐年增加，已然成为社会就业群体中的重要组成部分。高校毕业生就业直接关系着社会稳定与和谐发展。大学生就业指导教育能够引导高校毕业生根据个人职业规划，结合社会需要进行择业，并且在择业和就业过程中不断调整自己的就业选择，实现顺利就业。

（1）高校毕业生顺利匹配至适合的岗位能够使高校毕业生在具体岗位上各尽所能，各得其所，安心工作，从而有利于维护社会的正常生产秩序、工作秩序和生活秩序，有利于社会稳定与和谐发展。

（2）大学生就业指导教育通过引导高校毕业生形成正确的人生观和职业价值观，在择业和就业过程中克服攀比、从众、盲目崇拜大城市和大企业等心态，引导高校毕业生将个人理想与社会和国家理想结合起来，从而实现国家对人才资源的合理配置。

除以上两个方面外，大学生就业指导教育还有利于促进高等教育改革，提升高校形象。高校是培养人才的摇篮，大学生在某种上意义上是高校的“产品”，高校毕业生是否适应社会人才市场的需求，能否为社会和国家的发展做出贡献，直接关系到高校的声誉和形象。

综上所述，大学生就业指导教育对大学生、企业、高校、国家均具有积极、正面的影响。

第二节　数字经济时代高校毕业生就业观教育创新

数字经济时代，随着社会就业新形态的出现，社会人才市场上对具有创新创业精神的高校毕业生越来越青睐。高校毕业生从事灵活就业的人数越来越多，鉴于此，数字经济时代高校毕业生就业观教育应进行相应的创新。

一、高校毕业生就业观的历史发展及特点

大学生是国家发展和民族进步的中坚力量和新锐力量，任何国家和民族均将大学生作为未来发展的生力军。高校毕业生就业观直接关系着高校毕业生的择业与就业。高校毕业生就业观具有鲜明的时代性特点。

（一）高校毕业生就业观的发展阶段

中华人民共和国成立以来，高校毕业生就业观经历了多次变革，大体可划分为三个阶段。

1.1949 年至 20 世纪 80 年代中期的高校毕业生就业观

1949 年至 20 世纪 80 年代中期，我国高等教育规模较小，属于精英教育。高校毕业生人数较少，属于国家培养的高层次稀缺人才，因此我国实行了统筹分配的就业制度。在高等教育制度的影响下，我国高校实行国家统一招生、统一公费培养和统一分配的工作方式。受高等教育制度的影响，我国高校毕业生形成了“服从分配，为人民服务”的就业观。

2.20 世纪 80 年代中期至 20 世纪 90 年代末的高校毕业生就业观

20 世纪 80 年代中期至 20 世纪 90 年代末，受我国经济体制改革的影响，我国高等教育制度进行了相应改革，大学生招生方式和就业方式较之前发生了较大变革，如表 5-1 所示。

这一时期，随着我国改革开放的持续深入，我国经济体制逐渐从计划经济体制向市场经济体制过渡，市场在经济发展中的作用持续增强。与此同时，随着我国高等教育规模不断扩大，高校招生和就业人数持续增加，为了更好地进行人才配置，我国高校毕业生就业制度从统筹分配向“供需见面，双向选择”的方向发展。

表 5-1　20 世纪 90 年代高校毕业生就业政策变革一览表

年份	政策	内容 / 意义
1992 年	党的十四大明确提出建立社会主义市场经济体制	为高校毕业生就业政策变革奠定经济基础
1993 年	《中国教育改革和发展纲要》	改革高等学校毕业生“统包统分”和“包当干部”的就业制度，实行少数毕业生由国家安排就业，多数由学生“自主择业”的就业制度
1994 年	《关于进一步改革普通高等学校招生和毕业生就业制度改革的意见》	国家不再以行政分配而是以方针政策指导、奖学金制度和社会就业需求信息来引导毕业生自主择业
1995 年	《关于 1995 年进行普通高等学校招生和毕业生就业制度改革的意见》	中央部门所属普通高等学校中，毕业生就业途径的行业特点明显或有特殊要求的学校，实现两种招生计划形式“并轨”以后所招学生，毕业时可以规定原则上要在本系统、本行业范围内自主择业，并在条件成熟后逐步过渡到大多数毕业生自主择业

续表

年份	政策	内容 / 意义
1996 年	《国家不包分配大专以上毕业生择业暂行办法》	毕业生通过人才市场在多种所有制范围内自主择业
1997 年	《普通高等学校毕业生就业工作暂行规定》	供需见面和双向选择是落实大学生就业计划的重要方式

受我国高校毕业生就业政策的影响，1998 年，我国首批“双轨”改革后的高校毕业生走向社会，绝大多数毕业生实现了自主择业，少数定向生、民族生在国家规定范围内择业。

我国高校毕业生就业政策变革对我国高校毕业生就业观产生了深刻的影响，从“服从分配，为人民服务”的就业观，向“市场为导向”的就业观变革。“市场为导向”的就业观与“服从分配，为人民服务”的就业观相比，具有三个特点。

（1）“市场为导向”的就业观有利于高校毕业生形成自主择业和就业的意识。

（2）“市场为导向”的就业观有利于高校毕业生形成适者生存，竞争上岗的就业意识。

（3）“市场为导向”的就业观从客观上易对高校毕业生的“义利观”产生影响，导致形成功利倾向的就业意识。

3. 进入 21 世纪后的高校毕业生就业观

进入 21 世纪后，社会主义市场经济确立并进入高速发展时期，随着高校的大规模扩招，我国确立了“双向选择，自主择业”的高校毕业生就业制度。为此，我国有关部门积极从实际出发，制定出台了一系列促进大学生就业政策，不断探索高校毕业生就业途径。这些政策除了拓展高校毕业生的传统就业途径之外，还鼓励和引导高校毕业生到城乡基层就业、中小企业和非公有制企业就业、大学生自主创业、灵活就业。受这一时期国家就业政策的影响，我国高校大学生就业观朝着“灵活多元化”的方向发展，呈现出就业选择多元化、价值标准多样化、非理性就业观普遍存在的特点。

综上所述，中华人民共和国成立以来，我国高校毕业生就业观经历了三个阶段的发展，从“服从分配，为人民服务”的就业观朝着“灵活多元化”的就业观发展，呈现出较强的自主性。

（二）高校毕业生就业观的发展特点

纵观我国高校毕业生就业观的发展与演变，呈现出以下三个特点。

1. 高校毕业生就业观的竞争意识渐趋增强

从“服从分配，为人民服务”的就业观到“市场为导向”的就业观，再到“灵活多元化”就业观，高校毕业生就业观变化的过程反映了高校毕业生就业心理从被动到主动的转变过程。

高校毕业生统筹分配阶段，高校毕业生秉承“服从分配，为人民服务”的就业观，由于高校毕业生不需要自行寻找工作，在客观上抑制了高校毕业生的主观能动性，这一时期的高校毕业生的竞争意识较为淡薄。

社会转型双轨制时期，引入了市场竞争机制，高校毕业生形成了“市场为导向”的就业观。这一时期，高校毕业生的就业路径除了服从国家分配，还可以通过“供需见面”的方式，借助“双向选择”制度自行选择职业。在“市场为导向”就业观的影响下，高校毕业生的积极性和主动性得以激发和调动，竞争意识逐渐萌芽。

进入21世纪后，高校毕业生在“灵活多元化”就业观的影响下，开始更加积极、主动地参与人才市场竞争，并且通过考研、考证、进修、出国等方式不断增加自身在人才市场竞争中的砝码，高校毕业生的竞争意识日趋增强。

2. 高校毕业生就业观的自我意识日益突出

自我意识是指个体对自身状态的认知、体验和愿望，在个体人格发展和个体行为实践中起着至关重要的作用。我国高校毕业生就业观的演变过程也是高校毕业生个体自我意识日益突出的过程。

20世纪40年代至80年代中期，高校毕业生在“服从分配，为人民服务”就业观中所反映出来的毕业生的自我意识相对淡薄。

20世纪八九十年代，高校毕业生在“市场为导向”的就业观的影响下，开始主动认识自我，认识就业、择业与人生理想之间的联系，毕业生的自我意识逐渐增强。

进入21世纪后，高校毕业生在“灵活多元化”就业观的影响下，认识到个体在择业和就业时，只有建立起对自身客观、综合化的认识，才能更好地进行职业规划，才能将职业与事业更好地融合在一起。此外，在“灵活多元化”就业观的影响下，高校毕业生在择业和就业中越来越注重职业的自我成长空间、个人价值的实现，以及自主性的发挥。

3. 高校毕业生就业观的职业理想越来越多元化

高校毕业生的职业理想直接关系着高校毕业生未来的人生发展方向和发展目标。高校毕业生的就业观与高校毕业生的职业理想息息相关，直接影响着高校毕业生的职业理想选择。

“服从分配，为人民服务”就业观中蕴含着高校毕业生为社会主义和集体主义奉献的理想。

“市场为导向”的就业观中蕴含着高校毕业生在主流择业观和就业观之外，开始探索多样化的职业理想的特点。

21 世纪以来，高校毕业生在“灵活多元化”就业观的影响下，逐渐形成了多元化的职业理想，如“先就业再择业”“创业也是就业”“创业带动就业”等职业理想，将个性发展作为就业观的重要表达。

综上所述，高校毕业生就业观的变化，对高校毕业生择业、就业中的竞争意识、自我意识、职业理想产生了极其重要的影响。

二、数字经济时代对高校毕业生就业观的影响

数字经济时代，受新兴数字技术的发展与应用的影响，我国产业结构正在经历重大变革，在互联网技术、人工智能的快速发展下，岗位替代效应不断扩大，传统就业岗位大量减少，新的就业形态出现，并吸引了大量劳动者加入。高校毕业生中从事灵活就业的人数越来越多，灵活就业在高校毕业生就业方式中的比重日益增强，对高校毕业生就业观产生了不可忽视的影响。

（一）数字经济时代高校毕业生就业观呈现出强烈的机遇意识

数字经济时代，高校毕业生的就业观呈现出强烈的机遇意识。机遇即契机、时机或机会，通常被理解为有利的条件和环境。就业机遇能够为毕业生的职业发展营造更加安全、自由的良好环境，有利于高校毕业生实现职业理想。就业机遇意识既是一种思维方式，也是一种能力。

数字经济时代，高校毕业生就业观中表现出的机遇意识突出地体现在高校毕业生的自主创业意识方面。

数字经济作为继农业经济和工业经济之后的主要经济形态，对社会经济、文化等方面起到了极其深刻的影响，正在颠覆人类传统的生活和生产方式。

数字经济时代，社会经济呈现出新的发展态势。

（1）以数字技术作为支撑的新兴行业和新兴领域呈现出蓬勃向上的趋势。例如，人工智能、大数据、区块链、云计算、网络安全等数字产业；通信设备、核

心电子元器件等先进制造业均处于快速发展时期。

（2）在传统农业、工业、服务业领域，数字技术为传统行业赋能，不断拓展传统农业、工业、服务业的产业链，扩大内需。数字经济时代，社会创新创业机遇突出。

2022年1月，国务院印发《“十四五”数字经济发展规划》，其中指出，2020年，我国数字经济核心产业增加值占国内生产总值（GDP）比重达到7.8%，至2025年，数字经济核心产业增加值占国内生产总值（GDP）比重将达到10%。由此可见，数字经济存在巨大潜力。《“十四五”数字经济发展规划》中还对未来5年的数字发展任务进行了详细阐释（表5-2）。

表5-2　“十四五”数字经济发展规划的重点内容一览表

序号	主要任务	任务重点
1	优化升级数字基础设施	加快建设信息网络基础设施
		推进云网协同和算网融合发展
		有序推进基础设施智能升级
2	充分发挥数据要素作用	强化高质量数据要素供给
		加快数据要素市场化流通
		创新数据要素开发利用机制
3	大力推进产业数字化转型	加快企业数字化转型升级
		全面深化重点产业数字化转型
		推动产业园区和产业集群数字化转型
		培育转型支撑服务生态
4	加快推动数字产业化	增强关键技术创新能力
		提升核心产业竞争力
		加快培育新业态新模式
		营造繁荣有序的产业创新生态
5	持续提升公共服务数字化水平	提高“互联网＋政务服务”效能
		提升社会服务数字化普惠水平
		推动数字城乡融合发展
		打造智慧共享的新型数字生活

续表

序号	主要任务	任务重点
6	健全完善数字经济治理体系	强化协同治理和监管机制
		增强政府数字化治理能力
		完善多元共治新格局
7	着力强化数字经济安全体系	增强网络安全防护能力
		提升数据安全保障水平
		切实有效防范各类风险
8	有效拓展数字经济国际合作	加快贸易数字化发展
		推动“数字丝绸之路”深入发展
		积极构建良好国际合作环境

从表 5–2 中可以看出，“十四五”期间我国数字经济的发展涉及社会发展的方方面面，而数字经济的深入发展，为我国社会就业和创业创造了前所未有的机遇，也为高校毕业生创造了海量的创新创业机遇。

与此同时，数字经济时代，受社会产业结构变革的影响，传统就业岗位大幅减少，新兴行业就业岗位增加，就业途径更加多元化和多样化，促使高校毕业生就业观念中的创新创业意识不断提高，大量高校毕业生在毕业初期和毕业几年后，纷纷通过自主创业等形式加入灵活就业行列。

（二）数字经济时代高校毕业生就业观呈现出鲜明的个性化趋势

数字经济时代，高校毕业生面临着机遇与挑战并存的就业形势，高校毕业生对于就业规划的重视程度越来越高。“凡事预则立，不预则废”，规划是个人对目标任务乃至未来人生较为全面、长远的发展计划和整体安排。数字经济时代，高校毕业生的就业规划是其职业生涯规则的重要构成部分。高校毕业生的就业规划意识越强，就业准备越充分，在人才市场上的竞争力越高，相应地成功就业的可能性也越高。

数字经济时代高校毕业生对就业规划的重视，体现出毕业生强烈的人才竞争意识，在实际就业中，高校毕业生的就业选择呈现出灵活化、多元化的趋势，反映出高校毕业生就业观中具有鲜明的个性化趋势。

高校毕业生就业观受高校毕业生个体因素、家庭因素和学校因素的较大影响，由于不同学生对就业形势、就业目的意义、就业价值取向、就业道德规范、就业目标规划、就业态度和观念、自主创业价值及难易程度的限制的认识不同；

且对工资福利、工作地点、单位性质、社会地位、专业对口程度、个人兴趣和爱好、职业发展前景、职业发展方向和空间，以及职业的稳定性和挑战性的认识、工作自由度的要求、工作新鲜感和休闲时间的要求不同，均会对高校毕业生就业观念的个性化趋势产生影响。

例如，清华大学 2021 届本科生灵活就业从业者比例为 12.9%，研究生灵活就业从业者比例为 13.5%，博士生灵活就业从业者比例为 14%。由此可见，学历对高校毕业生就业观起着极其重要的影响。

除了学历因素，高校毕业生就业观的个性化趋势还受到其他高校毕业生个体因素，以及家庭因素和学校因素的影响，这里不再一一赘述。

三、数字经济时代高校毕业生灵活就业者的就业观创新路径

高校毕业生就业观的创新，一方面，受国家政策的影响；另一方面，则应通过高校大学生就业指导教育实现。高校大学生就业指导教育在高校毕业生就业观的培养中起着举足轻重的作用。数字经济时代，应将高校毕业生就业观创新纳入高校大学生就业指导教育，引导高校大学生形成适合数字经济时代的就业观。

本节主要对数字经济时代高校毕业生灵活就业者的就业观创新路径进行分析。

（一）引导高校毕业生形成“主动型”就业观

“主动型”就业观顾名思义即是增强高校毕业生择业和就业的主动性。数字经济时代在推动传统经济结构转型的同时，对就业形态产生了深刻影响，带动了社会灵活就业形式的变革，极大地扩大了社会灵活就业的规模，吸引了大量包括高校毕业生在内的人群加入灵活就业的行列。根据我国国务院发布的《“十四五”数字经济发展规划》显示，未来 5 年甚至 10 年内，我国数字经济在国民经济中的占比将持续增加，推进我国产业结构的深化改革，尤其是人工智能机器人等技术的发展，未来人工智能机器人必将代替劳动者从事传统的简单工作，而新就业形态的岗位则会大量增加。

在此背景下，高校大学生就业指导教育中应不断提升毕业生择业、就业的主动性，引导毕业生形成“主动型”就业观。

具体来说，在高校大学生就业指导教育中注重提升毕业生的实践能力，引导大学生在社会实践过程中充分、深刻地认识我国的就业形势，发现自身职业能力与职业理想之间存在的差距，从而引导高校毕业生形成“主动型”的就业观，以引导高校大学生更加正确地认识灵活就业，形成“先就业再择业”的思想。

（二）引导高校毕业生形成“战略型”就业观

战略作为一个管理概念，是指确定目标、发展，并且执行计划而达成目标的各种方法。数字经济时代，我国高校毕业生面临着极其复杂的就业环境，高校毕业生渴望获得高质量就业，必须高屋建瓴地把握未来经济发展的趋势，因此，高校大学生就业指导教育中应引导高校毕业生树立“战略型”就业观。

本书所指的“战略型”就业观是指将短期就业目标与长远职业规划结合在一起的就业观，高校毕业生应从战术上对自身所学专业、所处的环境和特点进行分析，明确在就职中面临的机遇与挑战，对就业行业、就业岗位和就业形式进行战略评估，从而明确具体的就业方向，选择具有可持续发展意义的就业岗位。

例如，选择就业还是自主创业；进入传统行业，还是新行业；选择全日制就业形式还是灵活就业形式，等等。高校毕业生只有确立了“战略型”就业观，才能更加理性地对待就业环境，选择就业岗位。

（三）引导高校毕业生形成“务实型”就业观

我国现代高等教育制度确立以来，我国高等教育经历了从精英教育朝着大众化教育的方向发展。1949—1998 年，我国高等教育的规模较小，普及率较低，属于精英教育。

1999 年前，我国高等教育的毛入学率较低，为了适应经济增长和社会发展的需要，1999 年 6 月中央政府做出了扩大高等学校招生的决策，高校扩招以“拉动内需、刺激消费、促进经济增长、缓解就业压力”为目标，推动我国高等教育进入跨越式发展阶段。2005 年，我国高等教育的毛入学率超过 15%，标志着我国的高等教育正式进入大众化阶段。2021 年，我国高等教育的毛入学率达到 57.8%，进入高等教育普及化阶段。高等教育普及化阶段，我国高校毕业生人数逐年持续增加，高校人才在人才市场的竞争越来越激烈。

然而，现阶段，一部分高校毕业生在就业过程中仍然存在唯专业论、唯待遇论和唯利益论的观点，精英化思维突出，抱守传统的就业观而不进行改变，在实际就业过程中缺乏足够的主动性和积极性。除此之外，近年来，随着我国各省市地方政府对人才的重视程度越来越高，相继出台了一系列人才新政，通过提高人才待遇，放宽人才落户条件，以及为特殊人才提供金钱或物质补贴等形式，导致一些大学生对就业形势产生了错误判断，仍然抱持传统就业观而不愿意改变。

针对高校毕业生的错误就业观，在高校大学生就业指导教育中应引导毕业生形成“务实型”就业观，理性认识高校毕业生就业形势，从而进行职业选择。

（四）引导高校毕业生形成“灵活型”就业观

数字经济时代，数字新技术的快速发展和应用成为社会经济发展的主要推动力。数字化成为各行各业发展的主要方向之一，我国的数字经济布局涉及各行各业，全国各个区域，涵盖城市与乡村，基层服务和社会服务等各个方面，为社会创造了大量就业岗位。

这些就业岗位中既有分布在沿海发达地区，也有分布在内陆和西部地区；既有分布在城市，也有分布在乡镇基层岗位；既有分布在科技行业，也有分布在传统行业。因此，高校大学生就业指导教育中应引导毕业生形成“灵活型”就业观，以灵活性、多样化的方式就业。

（五）引导毕业生形成正确的职业价值观

正确的职业价值观对大学生的就业观念、择业行为、职业目标、择业手段及将来职业发展均具有重要影响，它能够引导大学生不断完善自己的知识结构，培养良好的职业素质以适应时代的发展和社会的需要。数字经济时代，高校毕业生面对复杂的就业形势和多元化的就业抉择，更应形成正确的职业价值观。高校职业观教育应与社会主义核心价值观、中华民族伟大复兴的中国梦教育结合起来。

社会主义核心价值观是社会主义核心价值体系的关键，反映了社会主义核心价值体系的基本特征。中华民族伟大复兴的中国梦则是中国建成社会主义现代化强国的题中之义。

中国梦的本质是国家富强、民族振兴、人民幸福，中国梦不是抽象的、空洞的，而是具有较强的历史性和分层性，在不同时代具有具体内涵。中国梦也不是复古、狭隘的民族主义，而是以顺应时代发展趋势，更好地满足人民日益增长的美好生活需要、不断提升整个国家的综合实力和国际竞争力、不断提高中华民族在世界民族之林的地位和作用为根本目标。

中华民族伟大复兴的中国梦不仅是整个中华民族的中国梦，还是每一个中国人的梦想。作为中国公民，个人理想应与国家梦想和国家利益结合起来。高校大学生作为中国特色社会主义事业的接班人，在进行职业规划时，应将个人职业规划与国家和民族的长远规划结合起来。

由此可见，将高校职业观教育与社会主义核心价值观教育结合起来，有利于引导高校毕业生将个人职业理想与社会主义建设理想联系起来，用中国梦激发和点燃大学生的创业激情，帮助和引导大学生以正确和积极的态度面对就业过程中的困难、挫折和挑战。

第三节　数字经济时代高校就业指导服务体系的完善与创新

数字经济时代，随着高校毕业生灵活就业者的增多，为了适应高校毕业生就业方式的多元化发展，高校就业指导服务教育除了引导高校毕业生树立先进的就业观外，还应不断完善和创新高校就业指导服务体系。

一、数字经济时代高校毕业生灵活就业者就业指导服务理念创新

传统的大学生就业指导服务体系大多将毕业生就业率作为核心目标和任务，而忽略了毕业生就业工作的长效发展和内核质量方面。

数字经济时代，随着社会就业形态的变化，在全日制就业形态之外，出现了以平台经济、共享经济为依托的新就业形态。新就业形态与全日制就业形态的工作时间、工作场所、工作内容上均存在鲜明的差异（表 5-3）。

表 5-3　全日制就业形态和新就业形态对比一览表

项目	全日制就业形态	新就业形态
工作时间	工作时间固定	工作时间更具弹性化
工作场所	工作场所固定	工作场所灵活性更高
工作内容	工作内容固定	工作内容更具多样化

从表 5-3 中可以看出，新兴就业形态的工作时间、工作场所更加灵活、弹性化强，工作内容也更加多样，工作方式更加倾向于灵活就业。

为了适应数字经济时代毕业生灵活就业者数量增多的趋势，高校就业指导服务应从创新就业服务理念开始，引导毕业生树立与学生发展需求相符合的就业观念。具体来说，数字经济时代的就业服务理念应以就业率为核心，逐渐向以毕业生的就业质量为核心的趋势转变，树立注重就业指导服务的长效发展和内核质量的理念，注重毕业生的长期职业发展。

（一）以长期职业发展为核心

高校大学生就业指导服务应打破传统以就业率为核心的理念，以毕业生的长期职业发展为核心，注重高校毕业生的高质量就业。高质量就业是指在高校大学生就业的高效率之外，还要关注高校大学生就业的长期性和长远性。

以清华大学毕业生职业发展为例。清华大学学生职业发展指导中心将学生个人的成就实现与促进社会发展作为首要择业标准，树立长期职业目标，在充分尊重毕业生个人兴趣、职业理想等基础之上，将高校毕业生的个人职业发展目标与国家对人才的需求、国家的重点建设工程与长远发展规划结合起来。

（二）提升毕业生就业指导服务质量

高校大学生就业指导服务应以提升高校毕业生的就业质量为核心，不断提高就业指导服务质量。

以北京大学为例。北京大学的大学生就业指导服务包括职业生涯发展教育体系和就业服务支持体两方面内容。其中职业生涯发展教育体系包括学分课程、咨询测评、团体辅导、品牌项目等多个方面。仅 2021 年全面面向高校学生举办了 264 场就业指导活动，为每一位毕业生提供精准就业指导服务，极大地提高了该校就业指导服务质量。

二、构建完善的高校就业指导服务体系

自 20 世纪 90 年代以来，经过数十年的发展，我国高校已普遍设立了就业指导中心，在高校毕业生就业指导服务方面取得了一系列硕果。然而，进入数字经济时代后，我国高校毕业生的就业形势越来越复杂和严峻。对此，2020 年，我国教育部在《对十三届全国人大三次会议第 8295 号建议的答复》中指出：积极探索研究建立一套高校毕业生就业指导服务标准化体系，进一步提升高校毕业生就业指导服务质量，并拟从完善管理标准化体系、完善职业生涯指导标准化体系、完善服务标准化体系、完善综合评价标准四个方面组织专题研究，探索和完善高校毕业生就业指导服务标准化体系。本节主要结合以上四个方面对如何构建完善的高校就业指导服务体系进行探索。

（一）加强高校就业指导服务体系的机构建设

高校就业指导服务体系的完善，必须以健全的高校就业指导服务机构作为支撑。因此，高校应设置独立的就业指导部门。近年来，我国高校陆续设立了就业

指导服务中心（表 5-4）。

表 5-4 部分高校就业指导服务中心机构建设一览表

高校	下设机构 / 部门	职能
清华大学学生职业发展指导中心	办公室、就业管理部、校园招聘服务部、校地人才合作部、职业辅导部、国际事务部和教研室	1. 制定毕业生就业工作实施方法 2. 收集并及时发布社会用人单位毕业生需求信息 3. 广泛联系用人单位，组织校园宣讲、招聘活动；开展就业咨询与指导 4. 帮助毕业生充分认识自我、树立正确的择业观 5. 引导推荐优秀毕业生到国家重点单位与企业建功立业 6. 帮助学生规划职业生涯，进行职业辅导与教育 7. 负责办理就业协议书的签约手续，负责毕业生的派遣事宜
北京大学学生就业指导服务中心	就业管理办公室、市场信息办公室、职业指导办公室	1. 贯彻落实国家的就业方针政策，开设科学化的一系列职业指导课程，教育和引导毕业生树立正确的择业观念，规范毕业生就业行为 2. 根据学生的需求，提供全程化、专业化的职业指导与咨询，指导和辅导学生成长、成才 3. 积极培育校园就业市场，为学校与用人单位之间供需见面，以及毕业生与用人单位之间双向选择创造更好的机会和条件 4. 及时调查、了解学生和用人单位的需求，研究就业工作的方式方法是职业生涯发展教育成为学校人才培养的重要环节 5. 落实全校毕业生就业方案，使毕业生顺利地走上工作岗位
浙江大学就业指导与服务中心	就业指导部、就业管理部、对外联络部	1. 宣传党和国家有关高校毕业生就业工作的方针、政策 2. 制定学校毕业生就业指导和服务工作的有关政策，指导和协调全校开展就业指导与服务工作 3. 收集和发布各种招聘信息，组织校园招聘活动 4. 开展就业指导规划，安排大学生就业指导方面的课程，帮助学生规划职业生涯及安排有关师资培训和交流，开展就业咨询与指导，帮助毕业生充分认识自我、树立正确的择业观 5. 见证并协助毕业生办理就业手续并完成协议书的签约，负责毕业生的派遣事宜

续表

高校	下设机构 / 部门	职能
武汉大学学生就业指导与服务中心	综合办公室、就业信息与市场开拓办公室、就业信息与咨询办公室、就业管理办公室（含学生档案管理）	以促进毕业生更加充分和更高质的就业为目标，积极开拓就业市场，不断完善毕业生就业指导与服务体系，努力帮助毕业生合理规划职业生涯，提升就业竞争力，顺利实现从毕业生到职业人的身份转变
华中师范大学就业指导中心	办公室、就业管理办公室、信息办公室、市场办公室、就业指导办公室	1. 贯彻落实党和国家关于高校毕业生就业的有关方针、政策，制定本校全日制普通学生就业工作规划并负责组织实施 2. 指导学院（研究所、研究中心）开展学生就业工作，对学院（研究所、研究中心）就业工作进行评估 3. 制订毕业生生源计划、派遣方案，统计、公布和上报就业率 4. 推荐毕业生，管理就业推荐表和就业协议书，办理派遣手续 5. 开拓就业市场，建设各类就业基地，拓展毕业生就业渠道 6. 收集、发布就业信息，为用人单位招聘毕业生提供优质服务 7. 开展学生职业发展咨询与就业指导，组织有利于提升学生就业竞争力的各类讲座、比赛和培训活动 8. 开展毕业生就业质量跟踪调查工作，做好毕业生就业工作研究，为学校人才培养和改革发展提供信息反馈

从表 5-4 可以看出，高校建设和完善就业指导中心十分必要，现阶段我国各高校就业指导中心的名称、部门设置存在较大差异，然而具体职能则大同小异。高校构建起完善的就业指导中心机构之后，应明确毕业生就业教育或就业服务场地，切实开展各项就业指导工作。

（二）创新高校就业指导服务体系的工作机制

高校就业指导服务体系的工作机制主要是指毕业生就业指导活动的开展方式和方法，其直接关系到高校就业指导服务的效果。创新高校就业指导服务体系的工作机制一般应从工作的领导实施、就业资源的拓展、校友协助、平台建设等几个方面着手。

近年来，我国各大高校在就业指导服务实践中创新高校就业服务体系的工作机制，已取得了一定成果。本书主要以浙江省高校为例，对浙江省具有代表性的综合性院校和高职院校的高校就业指导服务体系的工作机制进行分析。

1．浙江大学就业指导服务体系工作机制的创新之处

浙江大学，是中华人民共和国教育部直属的综合性全国重点大学，属于国家“双一流”建设高校，对高校毕业生就业工作十分重视。浙江大学就业指导与服务中心成立于2005年，2020年该校出台了《浙江大学就业工作发展规划纲要（2020—2030年）》《浙江大学毕业生高质量就业工作行动计划（2020—2021年）》等文件，进一步加强毕业生就业管理。

数字经济时代，浙江大学的就业指导服务体系的工作机制创新呈现出以下三个鲜明特点。

（1）创新高校就业指导服务体系，构建人才战略大蓝图。其一，加强就业指导服务的系统规划，形成校院两级服务国家战略工作领导小组，建立校院、党政双组长负责制。其二，强化院校协同，采用分学科就业工作规划的方式，聚合各领域优势资源协同推进就业工作。其三，服务战略急需，有针对性地对各类人才加强就业引导。

（2）坚持全员育人，引导毕业生建构家国情怀的大格局。其一，提升育人精度。在学生思政教育全过程贯彻“国之大者”的择业观教育。其二，凝聚育人合力。修订就业工作评奖评优办法，设立各类就业专项奖励，调动全员参与就业引导工作的积极性，完善“联动培养，资源共享”的就业育人机制。通过各种具体措施，发挥校友在毕业生就业和长远发展过程中的帮扶、引领作用，多措并举提升该校毕业生高质量就业。其三，注重育人实效。通过加强就业工作队伍专业化建设，健全就业出口对招生入口、培养全过程的闭环反馈机制，同时探索校企协同育人的方式，培养适应经济社会发展的行业领军人才。

（3）以数字赋能高校就业指导服务体系。其一，通过强化数字技术在毕业生就业中的作用，创新工作模式，推出就业协议书电子印章服务，简化就业手续线下办理流程。此外除了线下招聘会，还举行线上招聘会，并通过多种线上途径为学生推送就业信息。其二，对已有职业发展教育课程进行改革，优化毕业生就业指导服务体系。除线下就业指导服务，完善线上就业指导服务渠道，举行“求职技能云课堂”系列讲座、就业云指导系列活动、企业“云参观”、就业创业直接平台等活动，多措并举增强学生就业、择业体验感。其三，构建智能范式，自主开发建设“智慧就业”信息系统，依托网络招聘等平台为毕业生与用人单位之间搭建线上实时交流平台（图5-2）。

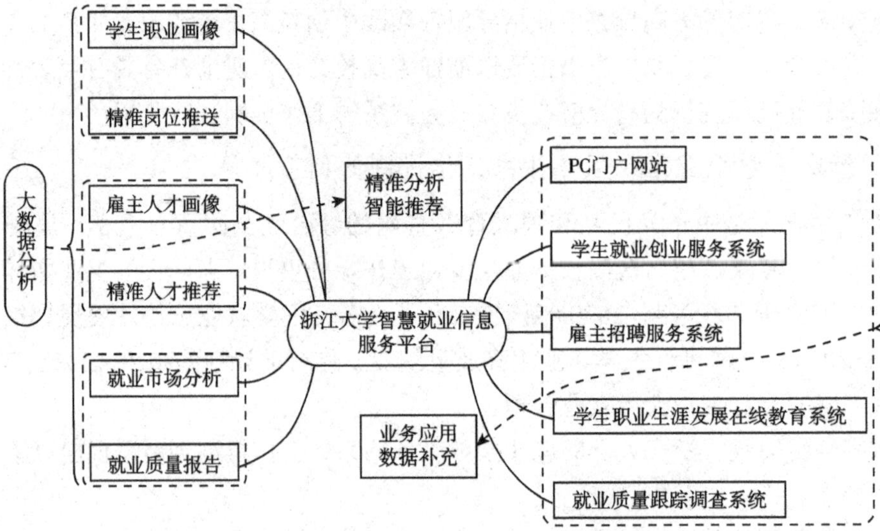

图 5-2　浙江大学智慧就业信息服务平台

2. 浙江机电职业技术学院

浙江机电职业技术学院，早在 2016 年即出台了《浙江机电职业技术学院毕业生就业工作实施细则（修订）》和《浙江机电职业技术学院毕业生就业工作考核办法（修订）》等文件对该校就业指导服务工作机制进行指导。

从浙江机电职业技术学院的就业指导服务体系的工作机制来看，浙江机电职业技术学院实施“一把手”工程，建立健全由党委书记和校长任双组长的就业创业工作领导小组，由分院党员与学生骨干组成的学生招生就业服务团，共同推动该校就业服务体系建设。

此外，浙江机电职业技术学院制定了书记校长访企拓岗专项方案，党委书记、校长亲自联络、亲自走访、亲自拓岗，通过“引进来”与“走出去”相结合，千方百计地为毕业生开拓更多的就业创业岗位和机会；建立校企业融合发展的毕业生就业实习基地；此外，通过完善学校就业网站、建设校内“云招聘室”，建设数智生涯工作坊等形式，对高校学生进行就业指导。

3. 杭州职业技术学院

杭州职业技术学院，在 2021 届毕业生就业之际，构建了就业指导服务的四级联动，批量就业机制，学校、学院、专业组与班级四级网络联动，全员全程助推毕业生就业。此外，杭州职业技术学院成立了毕业生就业工作专班，实施“一把手”工程，“学校、学院、专业组、班级”就业网格化管理、“一生一策”网络化联动，做到未就业学生信息全覆盖，就业进程全掌握，就业输送全链条，全面提升学生就业质量。

综上所述，浙江省各高校在就业指导服务体系的工作机制创新主要以数字技术为依托，以数字赋能网络的形式，通过不断提升高校智慧就业指导服务的方式创新高校就业指导服务体系。

（三）加强高校毕业生的职业生涯教育

职业生涯教育是高校大学生就业指导服务的重要组成部分，高校就业指导服务中应加强高校毕业生的职业生涯规划，不断提升高校毕业生的职业素养，引导高校毕业生做好职业生涯教育。

我国十分重视高校大学生职业发展教育，早在2007年教育部办公厅即印发了《大学生职业发展与就业指导课程教学要求》，其中指出职业发展与就业指导课程建设是高校人才培养工作和毕业生就业工作的重要组成部分，各高校应当给予重视。

数字经济时代，高校毕业生面临着前所未有的就业机遇与挑战。虽然高校毕业生面临着复杂的就业环境，但是由于就业形态的多样化，高校毕业生就业朝着多元化的方向发展，尤其是近年来，越来越多的高校毕业生将灵活就业作为就业方式，选择先就业再择业。然而，每年仍然存在大量高校毕业生“慢就业”和“缓就业”的情况。

未就业者的类型包括拟升学者、出国者、参加公招考试人员、求职中人员、入伍人员之外，还存在相当一部分暂不就业者。这些学生选择暂不就业的原因呈现出多样化的特点。虽然，从单个学校统计人数来看，暂不就业者的数量较少，但是，每年全国暂不就业者的人数相当多。鉴于高校毕业生中存在的“慢就业”“缓就业”的客观事实，高校应进一步加强毕业生职业生涯教育，引导高校毕业生克服传统的、落后的就业观，树立积极、主动、灵活的就业观和职业观，不断提升高校毕业生就业质量。

本书以浙江省高校为例，对浙江省高校的职业生涯教育及其创新特点进行分析。

1. 浙江大学职业生涯教育特色

浙江大学自2006年开始，面向本科生开设“职业生涯规划”和“大学生KAB创业基础”通识选修课，面向研究生开设“生涯规划与职业发展”和“KAB创业基础”公共选修课。2016年，“浙江大学新生养成教育”慕课平台面向全体新生推出“未来任我行”职业规划启蒙课程，引导学生树立生涯发展自主责任意识，掌握科学规划学业与职业生涯的方法。

2018年，浙江大学就业指导中心正式启动了新生生涯成长档案系统建设。

“一生一档”，成长档案成为浙大学生生涯发展的动态数据库，为根据学生发展阶段特点和个性化需求分层分类开展生涯发展类课外活动、提高指导与服务工作的精准性提供支撑。

2021年，为适应数字经济时代学生的需求，浙江大学就业指导中心开通了大学生就业发展教育平台，开通就业直播平台，方便该校大学生进行在线职业测评、生涯规划、就业指导、创新创业活动。

此外，浙江大学还通过开设“简历特训”“职场管窥”等就业指导慕课，以及打造职业素养提升训练营、生涯辅导工作坊，朋辈互助、就业规划与准备，举办职业生涯规划与创业大赛等活动方式，提升学生生涯规划意识和职业素养。

2. 杭州职业技术学院职业生涯教育特色

杭州职业技术学院将职业规划与生涯发展指导工作相结合，开设“菜单式”求职行动课程线上线下课程，推出“天天有咨询、周周有讲座、班班有辅导”的多层次职业辅导活动，创设大学生就业文化节，在产教融合的框架下设计、组织和实施就业系列活动。

3. 浙江传媒大学职业生涯教育特色

浙江传媒大学组织开展大学生职业生涯大赛、职场体验等活动，把职业生涯发展教育与就业指导贯穿于整个人才培养过程。

4. 浙江机电职业技术学院职业生涯教育特色

浙江机电职业技术学院的数智生涯工作坊，开展给学生进行一对一咨询辅导、职业规划课程研究及教材开发、线上岗位精准匹配、职业测评指导、职业规划讲座等活动。

综上所述，从浙江省高校职业生涯教育的特点可以看出，各高校均十分重视职业生涯教育，其中浙江大学的职业生涯教育内容较为丰富，形式多样，且呈现出数字赋能的特点，对引导高校毕业生多元就业、灵活就业起着重要作用。

（四）注重完善高校学生的创新创业教育

创新创业教育是高校毕业生就业指导服务中的重要内容，创新创业是推动国家从要素驱动向创新驱动转型的重要动力。进入数字经济时代以来，数字技术的快速发展与普及，为我国创新创业创造了良好的外在环境。

数字经济时代，高校毕业生就业向着灵活化和多样化的趋势发展，自主创业作为灵活就业的形态之一，每年吸引大量的高校毕业生加入。与其他灵活就业形态相比，自主创业是一项充满挑战性的复杂工程，要求创业者具备一定的创业知识和能力。高校毕业生的创业知识和能力可以通过高校创新创业教育来实现。

自20世纪90年代开始，我国十分重视培养高校毕业生的创新创业能力，国务院办公厅、教育部等部门发布了一系列政策，鼓励和引导高校开展创新创业教育（表5–5）。

表5–5　21世纪高校创新创业教育政策一览表

年份	政策	主要内容
2002年	《关于进一步深化普通高等学校毕业生就业制度改革有关问题意见的通知》	明确提出鼓励和支持高校毕业生自主创业
2003年	《关于做好2003年普通高等学校毕业生就业工作的通知》	其中强调鼓励高校毕业生自主创业和灵活就业
	《关于切实落实2003年普通高等学校毕业生从事个体经营有关收费优惠政策的通知》	提出了六项有利于高校毕业生自主创业的政策规定
	《关于贯彻落实国务院办公厅关于做好2003年普通高等学校毕业生就业工作的通知若干问题的意见》	提出组织面向高等院校毕业生的创业培训，同时开发适合高校毕业生的创业项目库，以便为高校毕业生创业提供帮助
	《关于2003年普通高等学校毕业生从事个体经营有关收费优惠政策的通知》	就高校毕业生个体经营、灵活就业和自主创业制定了一系列优惠政策
2004年	《国务院办公厅关于进一步做好2004年普通高等学校毕业生就业工作的通知》	鼓励高校毕业生自主创业
2005年	《关于做好2005年普通高校毕业生就业重点工作的通知》	强调大力拓展毕业生的就业空间，鼓励毕业生下基层
2006年	《关于建立高校毕业生就业见习制度的通知》	鼓励各地积极吸纳本地和非本地见习毕业生
2007年	《关于切实做好2007年普通高等学校毕业生就业工作的通知》	积极鼓励、支持高校毕业生自主创业和灵活就业

续表

年份	政策	主要内容
2007年	《关于进一步加强创业培训推进创业促就业工作的通知》	对创业促就业工作提出六点意见
2008年	《关于促进以创业带动就业工作的指导意见》	提出了对大学生创业者进行资金、培训、服务等支持
2011年	《关于进一步做好普通高等学校毕业生就业工作的通知》	强调进一步鼓励支持高校毕业生自主创业，稳定灵活就业
2015年	《国务院关于进一步做好新形势下就业创业工作的意见》	强调着力培育“大众创业、万众创新”的新引擎，把创业和就业结合起来，以创业创新带动就业，催生经济社会发展新动力
	《国务院办公厅关于深化高等学校创新创业教育改革的实施意见》	对深化高校创新创业教育改革提出了一系列实施意见
2017年	《关于做好2017年全国高校毕业生就业创业工作的通知》	引领高校毕业生自主创业，促进以创业带动就业
2021年	《关于进一步支持大学生创新创业的指导意见》	立足新发展阶段、贯彻新发展理念、构建新发展格局，坚持创新引领创业、创业带动就业，提升人力资源素质，实现大学生更加充分、更高质量就业

在国家相关政策的引导下，创新创业教育成为高校大学生就业指导教育的重要组成部分。

数字经济时代，随着我国经济体制改革的持续推进，我国各高校越来越重视创新创业教育，同时建立健全高校创新创业体系，引导更多高校学生走上自主创业的道路，以适应数字经济时代高校毕业生多元化就业的需求。

第六章　数字经济时代高校毕业生灵活就业社会权益保障研究

第一节 数字经济时代高校毕业生劳动关系认定面临的挑战

劳动者与用人单位之间是否存在明确的劳动关系，是劳动者维护劳动权益的基础和核心，直接关系着劳动者的劳动权益保障。灵活就业形式下，劳动者与用人单位之间的关系，与全日制就业形式下劳动者与用人单位之间的关系存在较大区别。数字经济时代，高校从事灵活就业的毕业生与用人单位之间的劳动关系的认定面临着较大的挑战。

一、劳动关系与劳动者社会保障之间的关系

劳动关系是劳动者与劳动力使用者之间的社会经济利益关系的统称，也是生产关系的重要组成部分，是最基本的社会关系之一。劳动关系具体又可划分为广义和狭义两个概念。

从广义上讲，生活在城市和农村的任何劳动者与任何性质的用人单位之间因从事劳动而结成的社会关系都属于劳动关系的范畴。从狭义上讲，现实经济生活中的劳动关系是指依照国家劳动法律法规规范的劳动法律关系，即双方当事人是被一定的劳动法律规范所规定和确认的权利和义务联系在一起的，其权利和义务的实现，是由国家强制力来保障的。劳动法律关系的一方（劳动者）必须加入某一个用人单位，成为该单位的一员，并参加单位的生产劳动，遵守单位内部的劳动规则；而另一方（用人单位）则必须按照劳动者的劳动数量或质量给付其报酬，提供工作条件，并不断改进劳动者的物质文化生活。

劳动关系的存在与否是劳动者权益获得保障的基础与前提。根据我国现行法律的有关规定，当劳动者权益受到侵犯而诉诸法律时，劳动者必须证明与用人单位之间存在着明确的劳动关系。否则，法院一般不会给予立案。由此可见，劳动者与用人单位之间劳动关系的确定是维护劳动者合法劳动权益的根本。

根据我国现行的劳动法律法规，确立劳动者与用人单位之间的劳动关系主要以劳动合同作为依据。《中华人民共和国劳动合同法》规定了劳动者与用人单位形成劳动关系的时间起点可以是从用工之日算起。根据该项规定可知，我国也承认事实劳动关系。

在司法实践中，在判断劳动者与企业之间是否构成劳动关系时，如果双方没有签订劳动合同，根据《关于确立劳动关系有关事项的通知》第一条规定，从三条标准对劳动关系进行考察。

这三条标准通过“用人单位”“劳动行为”“劳动者”三个方面的考察确定劳动者和用人单位之间是否存在劳动关系。如果劳动者与用人单位之间没有签订书面的劳动合同，但双方同时具备主体资格，存在从属性、劳动性质适合这三条标准，也可以认定存在劳动关系。

数字经济时代，受平台经济、共享经济的影响，以往少量、零散的灵活就业形态朝着社会化、行业化的新就业形态发展。数字经济技术为传统的个体劳动者予以技术赋能，使之能够不借助组织而灵活地参与社会服务，从而极大地扩大了灵活就业者的规模，推动灵活就业从原来的小众就业形态逐渐朝着大众就业形态的趋势发展。

数字经济时代灵活就业形态下的劳动关系与全日制劳动关系相比，具有较强的模糊性和难以界定性。由于灵活就业者一般较少与用人单位或平台签订正规劳动合同，大多签订合作协议或劳务合同等，其劳动时间、地点、形式也与全日制劳动形态存在较大区别，因此，数字经济时代高校灵活就业毕业生面临着劳动关系认定和劳动权益保障方面的较大挑战。

二、数字经济时代高校毕业生灵活就业者劳动关系的特点

数字经济时代高校毕业生灵活就业者的劳动关系，呈现出一系列新特点，主要表现在去劳动关系化、劳动契约关系的多元化、劳动支配关系的隐蔽化和劳资博弈关系的复杂化、劳动社会保障体系不适应化等方面。

（一）数字经济时代灵活就业形态下“去劳动关系化”的特点

通过资产运营、灵活重组再构等手段，应对市场风险，增强用人单位在劳资博弈中的优势。

相对而言，数字经济时代灵活就业形态下，高校毕业生灵活就业者等劳动者在劳资博弈中的选择更加狭窄且被动。全日制就业形态下，劳动者在固定物理空间内劳动，劳动者之间呈现出面对面工作的状态，易于进行信息分享市场经济条件下，劳动力和生产资料的结合方式大体可划分为“基于劳动关系”和“去劳动关系化”两种类型。数字经济时代，全日制就业形态下，劳动者与用人单位之间存在鲜明的劳动关系。然而，灵活就业形态下，劳动者与用人单位之间的劳动关系呈现出“去劳动关系化”的特点。

所谓“去劳动关系化”是指劳动者不成为作为劳动力使用者的资方组织的雇员、劳动过程不具有从属性的劳资结合方式。在此情形下，劳动者从事完全占有自身劳动力所有权、使用权、支配权和收益权的自治性劳动，生产、销售并借以获得收入的是通过自身独立劳动所获得的劳务商品。这种社会经济关系通常受平等保护契约当事人的民法调整，不纳入劳动法保护范围。

“去劳动关系化”的现象在数字经济时代出现之前就已经存在，数字经济时代灵活就业形态下，“去劳动关系化”的现象更加突出。数字经济时代灵活就业形态下，“去劳动关系化”的现象主要表现为以下三种情形。

（1）用人单位“去劳动合同化”用工。

（2）劳动者去雇主化就业，如高校毕业生自由职业者或自主创业者。

（3）遮蔽事实劳动关系。例如，一些用人单位以经济合作关系、劳务关系等作为障眼法刻意规避劳动关系、以契约自由为名规避用人单位应当承担的雇主责任。

根据有关数据统计，近年来，我国高校毕业生灵活就业者从事网络主播的人数较多。在此，仅以网络主播为例，对数字经济时代灵活就业中存在的劳动关系进行阐释。

网络直播用工模式大体可以划分为全职主播和兼职主播两种类型。无论全职主播还是兼职主播一般均可选择与网络直播平台签约或不签约。根据网络主播是否与直播平台签约，网络主播与直播平台之间的劳动关系可以划分为三种关系模式，即书面签约模式、合作分成模式和独立操作模式（表 6–1）。

其中，书面签约模式下，双方一般签订劳动合同、劳务协议、工作协议等多种形式的纸质合同或协议。在书面签约协议下，网络主播需要接受直播平台的管理，并且定期从直播平台领取薪资。

合作分成模式下，网络主播与直播平台之间大多会签订《签约主播协议书》《主播合作协议》等服务协议，网络主播不受平台的管理，但根据协议书会从平台领取合作分成。

独立操作模式下，网络主播与直播平台之间既不存在书面协议，也不受直播平台的管理，不从直播平台领取薪资。

网络主播属于数字经济时代的灵活就业形态，网络主播的薪酬发放方式、工作时间、工作地点、工作内容和劳动工具提供等均具有较强的灵活性，导致网络主播和直播平台之间的劳动关系存在复杂性、隐蔽性的特点，呈现出“去劳动关系化”现象。

表6-1　网络用工模式一览表

项目	书面签约模式	合作分成模式	独立操作模式
是否签约	签订书面协议	签订书面协议	不签订书面协议
是否受平台管理	受平台管理	不受平台管理	不受平台管理
是否从平台领取薪资	从平台领取薪资	从平台领取合作分成	不从平台领取薪资

（二）数字经济时代灵活就业形态下劳动契约关系的多元化

根据劳动者有无生产资料，可以将劳动者划分为无生产资料的劳动者、自有生产资料的劳动者和部分自有生产资料的劳动者三种类型。其中，无生产资料的劳动者在劳动中为纯粹的劳动力，其与雇主之间的劳动关系主要为雇佣关系；自有生产资料的劳动者为自营劳动者；部分自有生产资料的劳动者为受雇兼自营劳动者。

数字经济时代，高校毕业生劳动者与用人单位间建立的劳动契约关系已超出了传统劳动契约关系范畴，呈现出多元化、复杂化和动态化的特点。

全日制就业形态中，一般一个劳动者对应一个雇主，劳动者在固定的时间和场所为雇主服务，劳动者和雇主之间的契约关系相对单一、固定，而数字经济时代的灵活就业形态下，一个劳动者可以从事多种工作，对应多个雇主。劳动者与雇主之间的契约关系呈现出多重化和弹性化的特点。

例如，一个劳动者白天在固定工作单位上班，下班后兼职网约车司机，该劳动者与本职工作雇主和兼职的网约车平台形成了双重雇佣关系。

近年来，随着数字经济时代的发展，各种新型劳动模式兴起，越来越多的企业组织通过精简固定劳动岗位，保留核心劳动岗位的方法减少人力资本，而将非核心的劳动工作借助互联网平台以众包的形式委托他人完成，与众包劳动者之间形成暂时契约关系。一些高校毕业生由于掌握了一定的专业知识和技术，倾向于通过自由职业等方式从事众包工作。这种众包形态工作的大量出现，在一定程度上增加了社会灵活用工的使用频率，然而也对劳动关系的稳定性产生了一定的冲击。

除了众包形式，数字经济时代中，大量个体劳动者借助互联网平台获得劳动机会，承接工作。互联网平台主要从事为个体劳动者提供信息服务、匹配和促成劳动者与消费者交易的工作，互联网平台与劳动者之间不存在明显的组织从属性、经济从属性和人身人格从属性的特征，平台对劳动者并没有劳动支配权和控制权，两者之间形成了合作和分成性质的契约关系。

根据麦可思研究院发布的《2022 年中国大学生就业报告》显示，2021 届本科毕业生中，有 4.2% 的人选择灵活就业，大学生灵活就业群体中近三成属于依托互联网平台的新就业形态。

从劳动关系的视角来看，2021 年选择灵活就业的高校毕业与平台之间的关系大体可划分为三种类型，即选择受雇于用人单位的半职工作岗位、自由职业、自主创业。其中，半职工作者与用人单位之间建立了半职工作单位，约占 2021 届本科毕业生的比例为 1.3%；自由职业劳动者大多依托平台而从事职业，大约 1.7% 的本科毕业生选择从事自由职业；1.2% 的本科毕业生选择自主创业。其中，自由职业的毕业生与用人单位之间并不存在明显的劳动关系。

以网络主播为例。数字经济时代，网络直播行业发展迅猛，许多有创意思维的高校毕业生纷纷进入网络直播行业。网络直播行业用工模式较为灵活，呈现出用工模式多样化的特点。网络主播与直播平台之间签订了各种名目的合同、合约和协议，然而较少明确双方之间存在劳动关系。许多网络主播与用人单位之间签订的合约或协议中还会特意说明，双方所签订的协议条款均不得解释为双方之间产生或构成劳动关系，大多属于合作关系。

（三）数字经济时代灵活就业形态下劳动支配关系的隐蔽化

全日制就业形态下，劳动者需要在用人单位指定时间、地点从事指定的工作，因此用人单位对劳动者的劳动支配关系较为鲜明，有利于双方法律劳动关系或事实劳动关系的判定。

数字经济时代的灵活就业形态下，劳动者的劳动方式更加灵活，劳动时间、劳动强度、劳动薪酬等均具有较强的灵活性，用人单位对劳动的支配方式更加隐蔽。此外，控制的对象和范围更加广泛。

1. 数字经济时代灵活就业形态下，用人单位对劳动者的劳动时间支配更加隐蔽

全日制就业形态下，劳动者的劳动时间一般为固定物理空间的劳动时间，根据国家相关规定，一般为一天 8 小时法定劳动时间，超出法定工作时间之外的额外劳动时间，作为雇主的企业需支付劳动者相应的加班费。

数字经济时代，高校毕业生灵活就业者的劳动时间从固定劳动场所的物理空间朝着灵活化方向发展。数字经济时代灵活就业形态下，高校毕业生灵活就业者的劳动场所更加自主和灵活。用人单位为了实时监测劳动者的劳动状态，采用先

进的数字技术以每小时甚至每分钟的频率自动捕捉和记录劳动者的劳动过程，在无形中提升了用人单位对灵活就业劳动者劳动状态的精细化监控。此外，灵活用工的企业大多以业绩来计算薪酬，高校毕业生灵活就业者为了增加收入，不得不增加劳动时间，以延长工作时间的代价来换取劳动报酬。因此，从这一视角来看，数字经济时代灵活就业形态下，用人单位对毕业生灵活就业者劳动时间的支配呈现出隐蔽化的特点。

2. 数字经济时代灵活就业形态下，用人单位对劳动者的劳动强度支配更加隐蔽

全日制就业形态下，劳动者的劳动强度多体现在物化的产品数量、生产效率或服务数量和质量方面。数字经济时代灵活就业形态下，劳动者的劳动强度不再单纯地以劳动者自身所创造的产品或服务数量和质量等衡量，而以工作绩效作为劳动报酬指标。尤其是互联网行业等领域，工作绩效不仅局限于公司内部的竞争，而且还与消费者的认同和评价所关联。互联网行业工作绩效的这种评价方式在无形中增加了劳动者工作绩效的难度，增强了劳动强度和竞争激烈程度。

以网络主播、全媒体运营为例。根据麦可思研究院发布的《2022 年中国大学生就业报告》显示，2021 届选择灵活就业的毕业生中，有近三成（本科：30%，高职：28%）属于依托互联网平台的新就业形态，主要包括主播、全媒体运营等。

无论是网络主播还是全媒体运营工作者均将粉丝量以及粉丝转化率作为劳动报酬的重要指标。网络主播和全媒体运营工作者的绩效考核指标，不仅包括用人单位内部相同或相似工作岗位的竞争，还包括粉丝的点击率、点赞量、评论等。

网络主播和全媒体运营将粉丝评价作为考核标准，在一定程度上使劳动单位对灵活就业劳动者劳动强度的支配性更强且具有更强的隐蔽化。

3. 数字经济时代灵活就业形态下，用人单位对劳动者的劳动报酬支配更加隐蔽

全日制就业形态下，劳动者的劳动报酬基本固定，而数字经济时代灵活就业形态下，劳动者的劳动报酬更加灵活，用人单位对劳动者报酬的支配也更隐蔽化。科技发展推动了生产力的发展，用人单位有权选择雇用的人员和给予的报酬，用智能机器人代替低技能劳动者，而高技能劳动者也面临着被智能机器人替代的潜在风险。

数字经济时代灵活就业形态下，劳动者与用人单位所签订的契约从表面上来看，具有较强的灵活性和自主性，用人单位多按照绩效给付工资。然而，劳动者在互联网平台的交易规则、产品服务价值、劳动者分成收入、劳动保障和福利等方面，往往缺少足够的话语权，绩效标准由雇主单方面决定。除此之外，灵活就业形态下，劳动者的劳动报酬通常转化为以合作分成的形式发放，而未标明为工资发放。

数字经济时代灵活就业形态下，用人单位将部分应当自身承担的经营成本转嫁到个体劳动者身上。灵活就业劳动者成为相对独立的承包商而非用人单位的直接雇员，用人单位以此为由削减福利、加班费、病假补贴及其他成本，从而达到变相削减企业成本的目的，而这种方式使数字经济时代灵活就业形态下劳动者的报酬支付更加隐秘性。

（四）数字经济时代灵活就业形态下劳资博弈关系的复杂化

数字经济时代灵活就业形态下，高校毕业生灵活就业者和用人单位之间的劳资博弈关系更加复杂，集中表现在以下三个方面。

1. 高校毕业生灵活就业者和用人单位之间的劳资博弈地位悬殊化

数字经济时代，社会经济的发展主要表现出鲜明的技术性和资本密集型特征。以人工智能企业为例。人工智能企业的发展需要以人工智能技术的科研开发作为动力，而人工智能技术的开发则依赖大量资本支撑，往往需要诸多专业人员数年甚至更长时间的研发。因此，人工智能企业的前期发展中往往需要高额资本投入。然而，人工智能企业所研发的新产品一旦获得成功，且经过激烈的市场竞争迅速脱颖而出，该人工智能企业则会引起社会关注，获得更多的社会资本支持，从而形成良性循环，迅速发展，继而奠定其行业领军地位，形成行业市场垄断。

从人工智能企业等以数字技术作为依托的企业发展路径看，人工智能企业具有技术集中化和资本集中化的特点。这一典型特点，使人工智能企业在劳动关系中所获得的话语权更强。对于依托于人工智能应用平台从事灵活就业的劳动者来说，其必须依赖人工智能企业应用平台进行工作。人工智能应用平台由于在行业内形成了市场垄断，在劳动关系中具有较高的谈判能力，相对地，劳动者在劳动关系中的谈判能力就相对弱化，从而造成用人单位和劳动者之间劳资博弈地位的悬殊化。

另外，数字经济时代灵活就业形态下，由于许多行业的工会组织还未建立起来，劳动者存在松散化和弱联结化的特点，使劳动者在劳资博弈中的地位进一步弱化，在客观上加剧了劳资博弈双方的悬殊。

2.高校毕业生灵活就业者和用人单位双方博弈策略种类差异的扩大化

数字经济时代灵活就业形态下，用人单位可使用的劳资博弈策略呈现出多元化的趋势。除了全日制就业形态下制造劳动者内部竞争的劳资博弈策略之外，还可以通过以机器代替部分劳动，进行企业轻、深度沟通和集体行动，并且可以依托企业工会、区域劳动仲裁等与用人单位实现集体协调谈判。劳动者在劳资博弈中可以采用组织劳工代表团体，收集用人单位不合理的用工证据等方式。

然而，在数字经济时代灵活就业形态下，高校毕业生灵活就业者不再集中于同一个城市的同一处地点进行工作，而是分散于全国甚至世界各地，使劳动者之间进行集体沟通、协作、集结、行动的成本大大增加。除此之外，数字经济时代灵活就业形态下，高校毕业生灵活就业者大多借助互联网远程技术或数字化的劳动形式工作，在一定程度上增加了收集用人单位不合理或违法违规用工证据的难度，难以提出或组织对用人单位有威慑力的博弈策略。

由此可见，数字经济时代灵活就业形态下，用人单位可选择的劳资博弈策略的多样化和劳动者可选择劳资博弈策略的狭窄化，使得用人单位在劳资博弈策略中占有优势地位，而高校毕业生灵活就业者则居于相对劣势的地位。

3.高校毕业生灵活就业者与用人单位之间的劳资博弈结果呈现出不稳定化的趋势

全日制就业形态下，用人单位所从事的行业变化性较小。例如，传统制造业需要置办大量机器、厂房等固定资产，用人单位通过一定时间的经营才能实现成本回收，赚取利润，因此传统制造业劳资关系的变化性较小。

数字经济时代灵活就业形态下，随着新技术层出不穷，日新月异，新产业和新业态创新频繁，商业周期大大缩短，商业竞争日趋激烈，商业竞争淘汰率日益增高。以技术为依托的新企业往往需要跟随新技术的发展而快速调整企业战略、技术、组织等，从而导致企业部门人员调整、降薪、福利保障的改革越来越频繁。这在一定程度上使劳资博弈周期大大缩短，执行博弈结果的可持续性下降。数字经济时代灵活就业形态下，企业政策和组织的多变性，以及劳动者与用人单位之间博弈结果的不稳定性，导致劳动者对企业的认同感和归属感较低，人员流动性相对增强。

除此之外，数字经济时代灵活就业形态下，企业等用人单位为了适应更加激烈的市场竞争，往往采取劳动外包、众包、劳动资料外包、远程服务等方式以成本最小化的发展模式来实现企业运营。这种模式使得企业等用人单位得以对不同劳动者采取不同的合作博弈策略。对高校毕业生灵活就业者中的高技能、复合型的核心人才资源采用双赢的合作博弈策略，而对高校毕业生灵活就业者中的普通技能员工则采用非合作博弈和零和博弈策略，以劳动者利益受损为代价换取企业自身利益的增加。

在劳资博弈中利益受损的普通劳动者，往往较少采用正规劳资博弈渠道，而越来越多地利用激烈的抗争方式，使劳资双方的非合作博弈呈现出失序化和激烈化的现象。

综上所述，数字经济时代，高校毕业生灵活就业者与用人单位之间的劳动关系呈现出鲜明的变化。我国传统法律和法规对传统意义上的劳动关系起着较强的约束和保护作用。例如，要求用人单位为所雇佣的劳动者提供社会保险缴纳，当劳动者与用人单位之间产生冲突时，相关法律法规会为劳动者提供维权的途径，以及商业纠纷的申诉等。

然而，灵活就业者由于通常不与工作单位签订正式劳动协议，双方之间的劳动关系认定困难，用人单位一般不为灵活就业者缴纳职工保险，当灵活就业者与用人单位之间产生矛盾和冲突时，灵活就业者的权益较难得到保障。

第二节　数字经济时代高校毕业生社会权益保障面临的挑战

劳动者的社会权益是指劳动者依照劳动法律、法规的相关规定应该享有的各项权利。数字经济时代高校毕业生灵活就业劳动者的社会权益保障面临着一系列挑战。

一、劳动者社会权益保障权的内涵

根据《中华人民共和国劳动法》第三条规定，劳动者被赋予平等就业和择业权、取得劳动报酬的权利、休息休假的权利、获得劳动安全卫生保护的权利、接受职业技能培训的权利、提请劳动争议处理的权利及法律规定的其他劳动权利。

（一）平等就业和择业权

平等就业和择业权是《中华人民共和国劳动法》赋予劳动者的基本权益。《中华人民共和国劳动法》第十二条明确规定，劳动者就业不因民族、种族、性别、宗族信仰不同而受到歧视。劳动者的平等择业权则是指劳动者在就业时，有权根据自己的兴趣、意愿选择适合的用人单位和工作岗位，而不受到任何外来力量的强迫与干涉。

（二）取得劳动报酬的权利

劳动报酬是劳动者通过付出劳动而换取的物质利益，无论任何形式的劳动者均有权要求用人单位按照劳动者本人所提供的劳动数量和质量支付相应的报酬。劳动者的劳动报酬权受《中华人民共和国劳动法》保护。劳动者的劳动报酬权包括工资和其他合法的劳动收入。

（三）休息休假的权利

劳动者在法律法规规定的时间之外具有不从事生产和工作，自行支配时间的权利。根据《中华人民共和国劳动法》规定，劳动者每天工作时间不超过8小时，每周工作时间不超过44小时。劳动者每天延长工作时间不超过1小时，由于特殊原因延长时间的，在保障劳动者身体健康的条件下不得超过3小时。

（四）获得劳动安全卫生保护的权利

劳动者在劳动过程中依法享有用人单位提供的安全卫生的劳动条件，以保护劳动者生命和健康的权利。劳动者在劳动安全卫生法律制度中，享有完整权利保护的同时也承担着重要义务，即劳动者应学习掌握与本岗位相关的劳动安全卫生规程，加强职业技能培训，严格按照相关规定工作，不得违章工作。

（五）接受职业技能培训的权利

任何岗位的劳动者均享有参加培训和提高其职业技能的教育和训练的权利。

（六）享有社会保险和社会福利补贴的权利

劳动者享有社会保险和社会福利补贴的权利，有权要求用人单位为其缴纳社会保险费。

（七）提请劳动争议处理的权利

当劳动者与用人单位产生劳动纠纷时，劳动者有权提请有关部门或机构对劳动争议进行调解、仲裁和诉讼。

（八）法律规定的其他劳动权利

除了以上法律和法规规定的劳动者权益之外，劳动者还享有依法参加工会组织的权利，依法与用人单位平等协商的权利、依法解除劳动合同的权益、依法对用人单位违反劳动法律的行为进行检举和控告的权利等。

二、数字经济时代高校毕业生灵活就业者劳动权益保障面临的挑战

数字经济时代高校毕业生灵活就业劳动者劳动权益保障在面临机遇的同时，也面临着一系列挑战，具体表现在以下四个方面。

（一）数字经济时代，高校毕业生灵活就业者的劳动权益保障呈现出机遇与挑战并存的特点

1.高校毕业生灵活就业者平等择业权面临的机遇

劳动者的自由择业权赋予了劳动者选择工作或不工作的权力，也赋予了劳动者选择就业或自主创业的权利，还赋予了劳动者选择何种工作模式的权利。数字经济时代，数字新技术的开发和应用，推动着社会经济结构的深化改革，在这一过程中，社会上出现了大量灵活就业形态的新岗位，这些新岗位种类多样，对劳动者的要求较为多元。

数字经济时代灵活就业形态既包括需要较高层次的数字科技岗位，也包括普通技能的岗位，还包括大量不需要特殊技能的岗位，吸引了大量社会上多种院校高校毕业生灵活就业的需求。

此外，由于数字经济在我国的发展存在客观地域差异，一般而言，沿海地区的数字经济发展快，为社会提供的各层次灵活就业岗位较多；而中西部地区的数字经济发展相对较为滞后，为社会提供的各层次灵活就业岗位较少。根据我国有关部门出台的各种发展数字经济的文件，“十四五”期间我国将大力推动中西部地区数字经济的发展。

鉴于数字经济时代灵活用工多元化、多层次化的特点，灵活就业形态能够为社会各层次高校毕业生或社会就业者提供多层次工作岗位，与传统劳动形态相

比，数字经济时代灵活就业形态下，劳动者的平等就业权和平等择业权面临着前所未有的机遇。

以灵活就业形态中的自主创业为例。自主创业是灵活就业形态的主要形态，我国高校毕业生自主创业者涵盖了各个层次的高校教育，包括专科、本科、硕士研究生、博士研究生等多个学历层次。这些高校毕业生自主创业者的创业领域受毕业生个人兴趣和爱好、所学专业的影响较大，既包括互联网、AI技术等对数字新技术要求较高的行业，也包括技术服务、文化创意等领域，还包括新零食、居民生活服务等行业。由此可见，高校毕业生自主创业者的择业平等权落实较为到位。

2. 高校毕业生灵活就业者平等择业权面临的挑战

数字经济时代，高校毕业生灵活就业者面临的挑战主要体现在竞业禁止协议方面。

竞业禁止，又称为竞业避让、竞业回避、禁止竞业或不竞争条款。《中华人民共和国劳动合同法》中对竞业禁止进行了严格的规定。本书所指的竞业禁止是一种广义上的竞业禁止，即指用人单位出于保护商业机密的目的，要求劳动者在离职后的一定期限内不得进入与原用人单位同类单位或与原单位存在竞争关系的用人单位就职[1]，同时不得自行生产或经营同类业务的法律制度。还包括劳动者不得在与用人单位存在竞争关系的单位兼职，也不得自行经营与本单位业务重合的业务，不得引诱他人与自己一同离职等。

竞业禁止制度的目的是保护企业的商业利益，在法律意义上，能够减轻商业机密权利人的举证责任。竞业禁止是一种民事法律关系，是一种不作为义务，且只能在一定的时间和空间中限定。此外，用人单位需要给予劳动者一定的补偿作为对等代价。

数字经济时代，高校毕业生灵活就业者由于刚刚走出校门，缺乏必要的社会经验，与用人单位签订劳动协议或合约的同时，往往应用人单位的要求，与用人单位签订竞业禁止协议。劳动者的自由择业权和竞业禁止制度之间存在一定的冲突，在一定程度上不利于劳动者自由择业权的实现。

以网络主播为例。网络主播既可以兼职，也可以全职。无论是兼职还是全职，均存在签订劳动合同和不签订劳动合同的协议。在司法实践中，网络主播与用人单位之间的诉讼焦点通常集中于双方之间签订的协议是否为劳动合同、网络主播是否有权单方面解除协议、网络主播是否应当继续履行合同、网络主播与经

---

[1] 翟业虎:《竞业禁止法律问题研究》，北京，中国政法大学出版社，2013：11。

纪公司签订的竞业限制条款是否有效等方面。

如果高校毕业生灵活就业者与直播平台签订了竞业限制协议，一旦双方产生矛盾，解除合约或合作关系时，高校毕业生灵活就业者就会受到竞业禁止协议的限制，不利于高校毕业生灵活就业者自由择业权的实现。

（二）数字经济时代高校毕业生灵活就业劳动者的劳动报酬权保障面临的挑战

劳动报酬权是劳动者的基本权利之一，是劳动者参加社会工作应得的权利，数字经济时代高校毕业生灵活就业劳动者的劳动报酬权的保障面临着一定的挑战，主要表现在高校毕业生灵活就业劳动者的最低工资无法保障、薪酬被拖欠、薪酬计算方式不透明等方面。

1. 高校毕业生灵活就业劳动者的最低工资无法保障

最低工资是指劳动者在法定工作时间内提供了正常劳动的前提下，其所在单位应当支付的最低劳动报酬[1]。按照国际通常做法，最低工资保障制度一般是通过立法形式在全国范围内统一实施。根据《中华人民共和国劳动法》的相关规定，最低工资的具体标准由各省、自治区、直辖市人民政府规定，报国务院备案。

数字经济时代，高校毕业生灵活就业劳动者的劳动方式呈现出多样化的特点。其中包括自由职业、与网络平台签约或合作的灵活就业劳动者等。其中，自由职业者，以及部分网络平台兼职的毕业生，面临着在工作初期缺乏工作经验的前提下，最低工资无法得到保障的现象。

造成这一现象的原因既与毕业生个人能力有关，又与数字经济时代，平台用工的薪酬计算方法有关。数字经济时代，平台用工模式存在多样化的特点，同一平台针对不同劳动者的用工方式也不尽相同，导致平台用工的薪酬计算方式极其复杂，毕业生灵活就业者一旦无法完成平台在规定时间内设置的目标，则存在即使辛苦工作也无法保障最低薪酬的可能性。

以网络主播为例。网络直播行业，网络主播的薪酬计算方式与网络主播与平台之间的劳动关系密切相关。网络主播的薪酬计算方式大体可划分为两种类型。一种类型为底薪＋提成的分配方式，另一种类型是打赏分成。底薪＋提成的分配方式又可划分为多种情形（表 6–2）。

---

[1] 赵林如：《中国市场经济学大辞典》，北京，中国经济出版社，2019：583。

表 6-2　网络主播薪酬发放形式一览表

<table>
<tr><th>薪酬发放形式</th><th>类型</th><th>特点</th></tr>
<tr><td rowspan="3">底薪 + 提成</td><td rowspan="2">底薪按月发放</td><td>高底薪，低提成</td></tr>
<tr><td>低底薪，高提成</td></tr>
<tr><td>底薪按年发放</td><td>前三个月即使网络主播没有获得礼物打赏，也会得到一个基本的底薪</td></tr>
<tr><td>打赏分成</td><td>无底薪，劳动者与直播平台之间的关系是合作关系</td><td>网络主播的报酬是粉丝打赏的分成，以月结发放</td></tr>
</table>

从网络主播薪酬发放形式来看，一般选择打赏分成方式作为薪酬计算方式的网络主播面临着无法获得最低工资保障的风险。

2. 高校毕业生灵活就业劳动者的薪酬被拖欠

高校毕业生灵活就业劳动者还面临着薪酬被拖欠的风险。劳动者的薪酬权受法律保护，是现代社会劳动者生存和发展所必需的物质来源。然而，由于数字经济时代高校毕业生灵活就业者与用人单位之间的劳动关系存在认定难的现象，毕业生灵活就业者一旦被用人单位拖欠薪酬，很难使用法律武器进行维权。

以网络直播行业为例。网络直播行业作为新兴行业，自崛起以来，吸引了大量资本进入参与直播行业竞争，在市场的优胜劣汰下，一些直播平台很快宣告破产、关站，而依托这些网络平台就业的网络主播则面临着维权难的现象。除此之外，一些网络直播平台在双方签订的劳动合同或合作协议中设置法律陷阱，劳动者一旦不小心违反其中的约定，不仅面临着薪酬被拖欠的风险，还面临着支付网络直播平台巨额违约金的风险。

除了网络直播行业之外，从事自由职业的毕业生灵活就业者由于法律意识薄弱，与合作公司签订的劳动合约不具备法律效力或签订的合约中存在一定的法律漏洞等原因，致使自由职业的毕业生也面临着薪酬被拖欠的风险。

3. 高校毕业生灵活就业劳动者的薪酬计算方式不透明

高校毕业生灵活就业劳动者的薪酬计算方式不透明，是数字经济时代高校毕业生灵活就业者薪酬权无法落实的重要表现之一。

数字经济时代劳动者的发放形式通常为电子货币发放，鉴于数字经济时代灵活就业劳动者的劳动类型多样，大多以平台作为依托，劳动者的劳动报酬通常与接单量的多少有着直接关系，因此，劳动者每天的劳动收入呈现出较大的变化性，薪酬计算方式不透明。

（1）数字服务平台抽成比例高。数字经济时代，灵活就业劳动者一般依托数字服务平台进行劳动，劳动者需付给平台一定的抽成。然而，现阶段，各种类型的数字服务平台均存在抽成比例过高的现象，在一定程度上损害了劳动者的薪酬权。

以网络主播为例。近年来，直播行业的发展如火如荼，网络主播借助网络直播平台开设账号，通过内容创作和运营吸引粉丝打赏。网络主播的报酬是打赏的分成，是粉丝支付的，与直播平台没有关系。然而，粉丝打赏给网络主播的礼物却是直播平台提供的，粉丝打赏给网络主播的礼物兑换成货币后进入网络直播平台账户，网络直播平台扣除一定的抽成比例后，将剩余部分付给网络主播或网络主播所在的公司，公司再扣除相应比例，剩余部分才是网络主播和运营的薪酬。由于现阶段，我国有关部门并未对网络直播平台的抽成比例进行规定，各网络直播平台的抽成比例不同，然而总体上则呈现出抽成比例过高的现象。

2022 年中央电视台“3·15”晚会曝光了网络直播平台抽成比例高的现象。其中指出，直播平台佣金的抽成比例高达 50%，甚至更多，公司、主播和运营则对半分掉剩下的收入，主播获得的分成收入不足四分之一。

（2）用人单位随意变更劳动者薪酬计算标准。数字经济时代，数字服务平台的类型呈现出多样化的特点，一些数字服务平台的薪酬计算标准较为固定，依托这些数字服务平台就业的高校毕业生灵活就业者可以对自身赚取的佣金有着清晰的了解。

以外卖骑手为例。外卖骑手的薪酬计算标准相对透明。外卖骑手每接一单从中赚取的佣金也较为明确，因此，外卖骑手大致可以计算出每天的接单量与薪酬总额。

然而，还有一些数字服务平台的薪酬计算标准则存在一定的模糊性，抽成比例忽高忽低，不利于劳动者计算薪酬。

（3）存在以罚代管现象，劳动者实际到手薪酬无法保障。以罚代管、以罚代扣是数字经济时代许多数字服务平台的管理方式，一旦劳动者无法在规定时间内完成相应的业绩，则会遭到用人单位扣钱或罚款，劳动者实际到手薪酬无法得到保障。

以全媒体运营师为例。全媒体运营师是数字经济时代出现的新职业。全媒体运营师是指综合利用各种媒介技术和渠道，采用数据分析、创意策划等方式，从事对信息进行加工、匹配、分发、传播、反馈等工作的人员。全媒体运营师的工作涉及以下五个方面。

第一，利用网络信息技术及相关工具，对媒体和受众进行数据化分析，指导媒体运营和信息传播的对应性和准确性。

第二，负责文字、声音、图像、动画、网页等信息内容的策划和处理，使之成为适合传播的信息载体。

第三，准确地向目标受众分发、传播和推销信息载体。

第四，采集相关数据，根据实时数据分析、监控情况，准确地调整媒体发布渠道、策略和动作。

第五，建立全媒体传播矩阵，构建多维立体信息入口，实现各端口协同运作。

全媒体运营师在实际工作中，相关企业往往将粉丝关注量或转化率作为 KPI 标准，如果达不到相应的规定，则会被扣工资，直接影响劳动者的实际薪酬收入。

（三）数字经济时代高校毕业生灵活就业劳动者的安全卫生保护权益面临的挑战

劳动者的安全卫生保护权主要涉及劳动者在生产劳动过程中的安全卫生与健康，是劳动者依法享有的在劳动过程中不受职场危险因素侵害的权利。数字经济时代灵活就业形态下，劳动者依托数字服务平台工作，平台企业或第三方公司一般会为劳动者提供简单的安全保障工具。

根据《2022 职场人健康洞察报告》对各行业职业人工作时长进行了统计。该报告显示，灵活就业形态中的网络主播中平均每天工作不足 8 小时的人群占比为 39%，平均每天工作 8 小时的人群占比为 30%。此外，平均每天工作 8 ～ 12 小时的人群占比为 23%，平均每天工作 12 小时以上的人群占比为 8%。

新媒体的运营人员平均每天工作 8 小时及以下者占比为 58%，平均每天工作 8 ～ 10 小时者占比达 38%，平均每天工作 12 小时以上者占比达 4%。

自由职业者平均每天工作 8 小时及以下者占比为 70%，25% 的自由职业者平均每天工作 8 ～ 12 小时，另外 5% 的自由职业者平均每天工作 12 小时以上。

从这一数据统计可以看出，数字经济形态下，灵活就业者每天工作时长在 8 小时以上的人群占比数量较大，约在 30% 以上。长时间的工作加上职业压力，使灵活就业者面临着种种安全卫生风险。尤其是直播行业的毕业生灵活就业者，为了吸引关注，常常在深夜直播，易导致睡眠不良，进而对劳动者产生种种不良影响。

除了网络主播、新媒体运营人员和自由职业者之外，外卖骑手、网约车司机也存在每天工作时间较长，以及面临着道路安全等风险。

以外卖骑手为例。外卖平台一般会为劳动者提供头盔、护膝等劳动安全工具，有的外卖平台还会为劳动者提供蓝牙耳机，以便外卖骑手在行驶过程中避免使用手持电话，提高外卖骑手的安全性。外卖骑手由于长时间在城市繁忙的道路上行驶，难免会出现交通事故，从而对其身体健康产生危害。由此可见，数字经济时代灵活就业形态下，高校毕业生灵活就业者的安全卫生保护权益面临着种种挑战。

（四）数字经济时代高校毕业生灵活就业劳动者的保险权面临的挑战

保险权，在这里是指社会保险和商业保险两个方面。劳动者的社会保险权益受法律保护。

劳动者的社会保险权从权利类型划分，可以分为参加权、请求权、受益权、知情权、监督权、救济权等（表6–3）。

表6–3　劳动者社会保险权类型一览表

序号	权益类型	内涵
1	劳动者社会保险权的参加权	1. 请求用人单位履行社会保险登记和缴纳义务的权利 2. 劳动者自主办理社会保险登记和缴费的权利 3. 请求征缴主体履行社会保险登记、核定社会保险费、征收社会保险费等职责的权利
2	劳动者社会保险权的请求权	1. 社会保险待遇请求权 2. 社会保险服务请求权 3. 社会保险侵权请求权 4. 社会保险损害赔偿请求权
3	劳动者社会保险权的受益权	被保险人在保险事故发生后按照法律规定的条件享受社会保险利益的权利
4	劳动者社会保险权的知情权	被保险人有权免费查询核对缴费记录、个人权益记录
5	劳动者社会保险权的监督权	劳动者有权对本单位社会保险权的缴费情况进行监督、举报和投诉的权利
6	劳动者社会保险权的救济权	当劳动者的社会保险权益受到侵害时，劳动者有权依法申请调解、仲裁，提起诉讼

数字经济时代灵活就业形态下的高校毕业生灵活就业者的社会保险权益的保障面临着一定的挑战，主要表现在以下两个方面。

1. 社会保险覆盖率低

社会保险制度是国家为了保障劳动者抵抗风险能力的一种救济性制度，社会保险既具有帮助劳动者保障基本生活，规避各类风险的功能，也具有促进劳资关系和谐发展的重要保障功能。根据我国相关法律法规的规定，用人单位应当为存在劳动关系的劳动者缴纳社会保险。然而，数字经济时代，灵活就业形态下存在大量用人单位不为劳动者缴纳社会保险的现象，严重损害了高校毕业生灵活就业者的社会保险权益。

以网络主播为例。网络主播可划分为全职主播与兼职主播，一般而言，网络直播平台或以网络直播作为主要业务的公司仅为签订正式劳动合同，劳动关系受法律保护的员工缴纳社会保险，而签订合作协议或承包协议的人员，则不在网络直播平台或公司社会保险覆盖的范围。

2. 专门的职业伤害险缺乏

任何职业均存在一定的职业风险，数字经济时代灵活就业形态下，劳动者也面临着职业伤害的风险。

以网络主播为例。网络主播需要长时间坐在镜头前进行工作，且为了吸引人们观看，直播时间大多选择在全日制工作人员下班后，在晚上进行，许多网络主播需要熬夜至凌晨，而长时间熬夜会造成身体机能下降、脏器损伤、气血不足等身体损伤。

例如，网络主播为了保证直播间的氛围，需要连续数个小时甚至十数个小时不间断说话，易造成嗓音嘶哑，而久坐，盯着屏幕直播则会对网络主播的颈椎、腰椎、视力造成损害，影响网络主播的身体健康。

又如，外卖骑手需要长时间行驶在嘈杂的马路上，一旦出现交通事故会对外卖骑手的身体造成较为严重的伤害。

数字经济时代的灵活就业者的社会保险存在覆盖率低的特点，许多灵活就业者无法缴纳工伤保险，当出现意外事故时，往往缺乏专门的职业伤害保险的保障。

从数字经济时代高校毕业生灵活就业者各项权益的落实情况来看，现阶段，高校毕业生灵活就业者的诸多社会保险权益存在并未落实、无法保障，或权益保障不到位的现象。

三、数字经济时代高校灵活就业劳动者劳动权益保障不到位的原因

数字经济时代灵活就业形态下，劳动者各项劳动权益保障不到位的原因，主要为现行劳动关系认定标准无法适应数字经济时代灵活就业的特点，劳动者维权难度大等方面。

（一）现行劳动关系认定标准无法适应数字经济时代灵活就业的特点

根据《中华人民共和国劳动法》等相关法律法规，判断劳动关系的标志在于劳动者与用人单位之间是否存在依附性、从属性或隶属性。我国法律和司法实践中形成了从劳动者与用人单位之间的人格从属性、组织从属性和经济从属性三个方面判断劳动关系的标准。

人格从属性是指劳动者受控制程度较高、自主程度较低而失去独立人格❶，人格从属性强调用人单位对劳动者的控制与惩戒的权利。经济从属性则主要从劳动者对用人单位的经济依赖性角度判断劳动者与用人单位之间的关系。组织从属性则是指劳动者被纳入雇主生产经营系统而成为其劳动组织成员，遵守雇主管理规则和监管❷。

数字经济时代，数字服务平台和第三方公司的用工模式呈现出多样化的特点，存在多样化用工，但在司法实践中，仍以《关于确立劳动关系有关事项的通知》中的“三项标准”来判断是否存在劳动关系，而“三项标准”作为传统用工模式下规范的劳动关系的判定依据，已经不能完全适应新业态灵活就业模式，因此导致新就业形态下劳动者与企业之间的劳动关系认定较为困难。其原因在于，数字经济时代高校灵活就业者与用人单位之间的从属性呈现出弱化状态。

1. 数字经济时代高校灵活就业者与用人单位之间人格从属性的弱化

全日制劳动形态下，劳动者与用人单位之间存在较强的人格从属性。由于劳动力和劳动者无法分离，劳动者在为用人单位提供劳动的同时，用人单位通常可以根据需要对劳动者进行支配。

用人单位可以规定劳动者在特定的时间内在某一工作地点按照一定的规则完成某项工作。如果劳动者无法在用人单位规定的时间内完成某项工作，或未达到工作预期，用人单位可以通过一定的合法手段对劳动者进行惩戒。由此可见，在传统劳动关系中，劳动者与用人单位之间存在着较强的从属关系。

---

❶ 谢增毅:《劳动法的改革与完善》，北京，社会科学文献出版社，2015：3-4。

❷ 王全兴，王茜:《对“网约工”劳动保护的探索》，工友，2019(6)：15-17。

数字经济时代高校灵活就业者的工作时间较为灵活，可以较为自主地掌握工作时间，工作场所无法固定，工作地点则通常随着订单的要求而改变。由此可见，数字经济时代高校灵活就业者的灵活性、自由性工作模式在一定程度上弱化了劳动者与用人单位之间的从属关系。

2. 数字经济时代高校灵活就业者与用人单位之间经济从属性的弱化

数字经济时代高校灵活就业者的报酬获得方式存在一定的模糊性。全日制就业形态下，劳动者所获得的劳动报酬均源于用人单位，用人单位依照合同规定向劳动者支付劳动报酬。数字经济时代高校灵活就业者所获得的报酬来源于客户的订单，或者粉丝打赏，扣除用人单位的分成比例后的剩余金额。例如，网络主播的工作模式即为鲜明的底薪＋提成（粉丝打赏、销售所得），或分成模式，扣除平台和公司的抽成之外的，即为网络主播所得。由此可见，网络主播与用人单位之间的经济从属性呈现出弱化现象。

综上所述，数字经济时代灵活就业形态下，劳动者与用人单位之间的从属性呈现出弱化趋势。

3. 数字经济时代高校灵活就业者与用人单位之间的组织从属性的弱化

全日制劳动形态下，劳动者通过借助用人单位提供的生产资料进行劳动，并依法从用人单位获得持续而有规律的劳动报酬。数字经济时代的高校灵活就业者大多不需要用人单位提供生产资料，而是使用自备的生产资料或生产工具进行工作，造成高校灵活就业者与用人单位之间的组织从属性的弱化。

例如，网络主播、自由职业者、全媒体工作师等所需要的工作设备大多需要劳动者自行配备。以自由职业者为例。自由职业者大多依托计算机、摄像机、照相器材，或其他器材进行工作，并不需要借助用人单位的生产工具。尤其是合作分成模式下，平台或企业与灵活就业者之间呈现出合作模式，平台或企业不将分成合作的灵活就业者视为雇员，不承担应当缴纳社会保险的责任。

（二）数字经济时代灵活就业形态下用人单位存在不规范的用工行为

数字经济时代灵活就业形态下，互联网劳动平台企业以逐利为目的，为了达到逐利目的，用人单位存在不规范的用工行为，表现在以下两个方面。

1. 平台企业在管理方式上存在矛盾行为

数字经济时代，高校毕业生灵活就业者与数字服务平台之间的劳动地位差距较大。数字服务平台在劳动关系中具有较强优势，具有制定劳动规则、选择签订合同类型的自由，而高校毕业生灵活就业者处于弱势地位，只能被动地接受平台企业制定的劳动规则，不具备是否签订合同、签订何种类型的合同方面的话语权。

数字经济时代，数字服务平台为了追求轻资产运营的目的，实现利益的最大化，往往较少与高校毕业生灵活就业者签订正规的劳动合同，存在“去劳动关系化”的现象。高校毕业生灵活就业者往往被作为数字服务平台的合作者或劳务派遣人员。

然而在实际管理中，数字服务平台为了提升灵活就业者的管理质量往往通过各种规则加强对劳动者的监督和监管。

以网络主播为例。网络直播平台或以直播作为主要业务的公司出于确保直播质量，吸引粉丝、提升粉丝转化率等原因，对网络主播每天的在线时长、高峰时段在线时长、每天的营业额、每月的订单总量等进行严格要求，以确保劳动者的工作效率。然而，一旦发生网络主播与平台或企业出现劳动纠纷，平台或企业则往往以双方之间不存在劳动关系，没有签订劳动合同为由，规避应承担的责任，逃避企业应尽的义务。

2.平台企业在用工行为上存在不规范操作

数字经济时代，以数字技术作为依托的数字服务平台经由激烈的市场竞争脱颖而出，资本和人员实力雄厚，在招聘时往往与高校毕业生灵活就业者签订全国统一或区域统一的劳动协议，而不与个别高校毕业生灵活就业者就劳动内容、劳动时间、劳动报酬等单独协商。高校毕业生灵活就业者如果想要获得该职位，只能接受这样的协议。

除此之外，平台企业虽然与高校毕业生灵活就业者之间存在从属关系，但是，当高校毕业生灵活就业者在为客户服务过程中发生意外事件或有突发事件时，平台企业一般不承担责任，由高校毕业生灵活就业者全权承担相关责任。

再以外卖平台为例。外卖平台企业用工也呈现出多样化的特点，外卖骑手在送餐时，如果发生商家出餐慢、客户地址标错、送餐后餐食被他人拿走、交通事故等事件时，外卖平台企业一般不承担责任，由外卖骑手自行承担相应的责任。这些事件的责任认定在一定程度上暴露了平台企业用工行为不规范的问题。

四、数字经济时代高校灵活就业者维权难度较大

由于数字经济时代高校灵活就业者与用人单位之间的劳动关系认定困难，且数字服务平台和企业的不规范用工现象的存在导致高校灵活就业者维护自身社会保障权的难度较大。

（一）维权时间长

根据我国现有法律法规，劳动者劳动权益的保障，往往以明确的劳动关系作为基础。高校灵活就业者与用人单位一旦产生矛盾，诉诸法庭后，法院往往以双方是否存在劳动关系作为判决依据。如果高校灵活就业者与用人单位签订了正规劳动合同，则能够证明两者之间存在法律劳动关系。如果高校灵活就业者与用人单位只签订了用工合同、合作协议、劳务合同，那么，法院需要从用工模式上判断两者之间是否存在事实劳动关系。

高校灵活就业者需向法庭举证证明两者之间存在事实劳动关系，由于数字经济时代灵活就业劳动者与用人单位的一切联系或数据均以电子信息方式进行保存，如果高校灵活就业者不登录平台系统很难获得相关数据。平台企业作为平台系统的开发者则可以随时登录系统，并对系统内保存的电子信息记录进行修改。由此可见，高校灵活就业者在举证双方之间存在事实劳动关系方面有一定的困难。因此，当高校灵活就业者的权益受到侵犯时，高校灵活就业者往往由于无法证实双方之间的劳动关系而面临着较大的维权难度。

即便高校灵活就业者证明了其与平台企业之间的确存在事实劳动关系，也要花费大量时间和精力进行下一步的维权诉讼。整个诉讼周期较长，维权时间较长。

（二）维权成本高

根据我国法律法规，当劳动者与用人单位之间产生纠纷时，原则上将用人单位所在地或劳动合同履行地作为案件的管辖地。当无法确定劳动合同的履行地时，则一般由用人单位所在地法院管辖。

数字经济时代，各行业领域内的优势数字服务平台企业往往在全国范围内进行布局，在全国各地招聘本地劳动者。因此，大优势数字服务平台企业所签约的高校毕业生可能遍布全国各地。各地高校毕业生与优势数字服务平台企业大多通过网络平台或优势数字服务平台企业在当地的代理公司签订协议，所使用的协议上标注的公司名称往往统一为优势数字服务平台企业。

以网络直播平台为例。网络直播平台中的头部企业往往在多个城市布局，在与高校毕业生灵活就业者签订合约时，往往签订统一的合同，合同属地一般为企业的注册地。当高校毕业生灵活就业者与网络直播平台企业产生劳动纠纷时，毕业生灵活就业者需要前往网络直播平台企业的注册地进行起诉。

例如，西安的高校毕业生灵活就业者与注册地和经营所在地均在北京的某网络直播平台签订劳动协议。如果双方产生劳动纠纷，西安的高校毕业生灵活就业者如果无法证明该直播平台在西安设置了分公司或工作站，那么西安的高校毕业生灵活就业者只能到北京起诉该直播平台。进行跨地区诉讼，不仅需要高校毕业生灵活就业者承担较高的交通成本、住宿成本，还要承担诉讼时间长而带来的时间成本，还会影响高校毕业生灵活就业者重新就业。由此可见，数字经济时代灵活就业形态下，高校毕业生灵活就业者的维权成本较高，因此许多高校毕业生灵活就业者在劳动权益受到侵犯时，易选择妥协。

第三节 数字经济时代高校毕业生社会权益保障体系的重构

数字经济时代，灵活就业劳动形态成为高校毕业生择业和就业的重要趋势。然而，数字经济时代灵活就业劳动形态下高校毕业生的社会权益保障面临着较大的挑战，易阻碍高校毕业生灵活就业，而重构灵活就业社会权益保障体系，确保高校毕业生灵活就业者的社会权益落在实处，则可以提高高校毕业生社会权益保障的积极性。

一、健全数字经济时代高校毕业生灵活就业者社会权益保障制度

法律法规政策是数字经济时代，高校毕业生灵活就业者劳动者权益保障的法律性依据。健全数字经济时代高校毕业生灵活就业者社会权益保障制度应从以下两个方面着手。

（一）创新数字经济时代就业劳动关系认定标准

劳动法律法规旨在对劳动者和用工单位双方的合法权益进行保护，劳动关系的认定是保障新就业形态下劳动者社会保险权益实现的基本前提。数字经济时代高校毕业生灵活就业劳动关系存在“去劳动关系化”、劳动关系隐蔽化等特点，不利于高校毕业生灵活就业者与用人单位之间劳动关系的认定，进而影响高校毕业生灵活就业者劳动权益的保障。

因此，我国有关部门应当健全灵活就业劳动法律制度，明晰劳资双方劳动关系，从劳动法的角度寻找劳资双方利益的平衡点，以便调和双方的利益，达到维护高校毕业生灵活就业者劳动权益的目的。

（二）健全数字经济时代灵活就业劳动者社会保障制度

自2019年以来，我国有关部门针对数字经济时代灵活就业形态下劳动关系认定进行了一系列探索。

2019年，国务院办公厅发布《关于促进平台经济规范健康发展的指导意见》中强调，切实保护平台、平台内经营者和平台从业人员的权益。

2021年，我国出台了一系列政策，推动新就业形态下劳动者权益保障的落实。

2021年4月，国务院办公厅关于服务“六稳”“六保”进一步做好“放管服”改革有关工作的意见中提出了一系列落实和完善新就业形态劳动者保险权益的意见。

2021年5月26日，国务院常务会议提出了探索将灵活就业人员纳入工伤保险范围。

2021年7月7日，国务院常务会议就加强新就业形态劳动者权益保障的政策措施进行进一步明确。

2021年7月，人力资源和社会保障部等八部门和市场监管总局等七部门发布了《关于维护新就业形态劳动者劳动保障权益的指导意见》和《关于落实网络餐饮平台责任切实维护外卖送餐员权益的指导意见》，其中对灵活就业形态下劳动者的多项社会保障权进行了明确规定，为保障新就业劳动者群体提供了法律依据。

除了我国国家层面的法律法规之外，一些地方也出台了保护灵活就业形态下劳动者权益保障的政策，有利于保障劳动者合法社会权益的落实（表6–4）。

表6–4　我国近年出台的灵活就业政策一览表

年份	部门/地区	政策名称	主要内容
2019年	国务院办公厅	《关于促进平台经济规范健康发展的指导意见》	切实保护平台、平台内经营者和平台从业人员的权益
2021年	人力资源和社会保障部等八部门	《关于维护新就业形态劳动者劳动保障权益的指导意见》	对灵活就业人群的劳动关系、劳动收入、劳动环境安全、社会保险制度、反馈机制等多个焦点问题进行了规定
2021年	交通运输部等七部门	《关于做好快递员群体合法权益保障工作的意见》	对快递员群体的薪酬、社会保险等权益的落实提出了指导意见

续表

年份	部门 / 地区	政策名称	主要内容
2021 年	市场监管总局等七部门	《关于落实网络餐饮平台责任切实维护外卖送餐员权益的指导意见》	完善社会保障方面，督促平台及第三方合作单位为建立劳动关系的外卖送餐员参加社会保险，支持其他外卖送餐员参加社会保险，按照国家规定参加平台灵活就业人员职业伤害保障试点。鼓励探索提供多样化商业保险保障方案，提高多层次保障水平
	交通运输部联合中宣部等八个部门	《关于加强交通运输新业态从业人员权益保障工作的意见》	在涉及平台利益分配和涉及劳动者切身利益的劳动报酬、劳动强度等事项时，强调工会组织、行业协会应与平台企业协商，探索建立一套劳动者与平台企业间的平等协商机制
2020 年	广州	《关于单位从业的超过法定退休年龄劳动者等特定人员参加工伤保险的办法（试行）》	新业态从业人员通过互联网平台注册并接单，提供网约车、外卖或者快递等劳务的，其所在平台企业可参照本办法自愿为未建立劳动关系的新业态从业人员单项参加工伤保险、缴纳工伤保险费，其参保人员参照本办法的规定享受工伤保险待遇
2021 年	北京	《关于促进新就业形态发展的若干措施》	1. 稳定长期在京实际就业的“平台网约劳动者”和“平台个人灵活就业人员”，可以按规定参加本市职工基本养老、基本医疗和失业保险，也可以选择在户籍地参加社会保险 2. 试点建立职业伤害保障制度，保障“平台网约劳动者”获得医疗救治和经济补偿。强调企业要依法为“平台单位就业员工”参加社会保险。逐步完善灵活就业社会保险制度，稳定长期在京实际就业的“平台网约劳动者”和“平台个人灵活就业人员”，可以按规定参加本市职工基本养老、基本医疗和失业保险，也可以选择在户籍地参加社会保险
		《关于促进新就业形态健康发展的若干措施》	引导新就业形态劳动者参与“全民参保计划”，并以出行、外卖、即时配送、同城货运等行业的平台企业为重点，建立职业伤害保障制度，保障遭受职业伤害的“平台网约劳动者”获得医疗救治和经济补偿。同时鼓励平台为劳动者购买人身意外保险、雇主责任等商业保险，提高新就业形态下劳动者的劳动权益保障水平

续表

年份	部门 / 地区	政策名称	主要内容
2021 年	南京	《关于规范新就业形态下餐饮网约配送员劳动用工的指导意见（试行）》	其中对外卖骑手的劳动报酬、休息休假、职业安全保障等权益的落实给出了指导性意见
2021 年	中山	《中山市人力资源和社会保障局支持多渠道灵活就业专项行动方案》	持续推进灵活就业人员在就业地参加职工养老保险、医疗保险，积极推动符合条件的新业态灵活就业人员单项参加工伤保险工作，做到应保尽保。按照省人社厅统一部署，完善新就业形态劳动者权益保障工作机制
2022 年	上海	《关于做好本市快递员群体合法权益保障工作的实施意见》	加大处置欠薪力度等措施保障快递员合理劳动报酬。注重探索建立更灵活便捷的社保经办模式，提高快递员社会保险水平

这些政策的落实有利于约束数字服务平台企业规范用工，探索数字经济时代灵活就业劳动关系的认定标准，确保高校毕业生灵活就业者劳动权益的保障和落实，以适应数字经济时代灵活就业形态的发展趋势。

二、加强数字经济时代高校毕业生灵活就业者社会权益保障的监督检查

劳动法的监督检查，在我国是指由劳动行政部门、政府有关部门、工会组织及其他组织和个人依法对用人单位遵守劳动法律、法规的情况进行监督和检查的制度。监督检查的对象只是用人单位。

数字经济时代，灵活就业规模的扩大与快速发展为传统劳动监察带来了较大挑战。数字经济时代，数字服务平台企业与灵活就业者个体之间的力量对比悬殊，与强大的平台算法相比，劳动者的弱势地位明显。因此，仅依靠灵活就业者个体的力量难以与数字服务平台企业相抗衡。劳动监察部门作为第三方介入，能够起到平衡数字服务平台企业与灵活就业者之间的力量对比，形成企业、劳动者和政府劳动监察部门的协调机制。劳动监察部门通过规范网络劳动平台的行为，维护劳动者的合法权益，构建和谐的劳动关系。

（一）创新劳动执法监督检查的标准

劳动执法监督检查以用人单位作为对象，对用人单位的劳动保障法律、法规和规章的情况进行监督和检查。监督检查的内容包括以下九点：

（1）用人单位制定内部劳动保障规章制度的情况。

（2）用人单位与劳动者订立劳动合同的情况。

（3）用人单位遵守禁止使用童工规定的情况。

（4）用人单位遵守女职工和未成年工特殊劳动保护规定的情况。

（5）用人单位遵守工作时间和休息休假规定的情况。

（6）用人单位支付劳动者工资和执行最低工资标准的情况。

（7）用人单位参加各项社会保险和缴纳社会保险费的情况。

（8）职业介绍机构、职业技能培训机构和职业技能考核鉴定机构遵守国家有关职业介绍、职业技能培训和职业技能考核鉴定的规定的情况。

（9）法律、法规规定的其他劳动保障监察事项。

从劳动执法监督检查部门的内容来看，几乎涉及了劳动保障的各个方面。劳动执法监督检查对规范企业用工，促进我国经济的健康、稳定发展、保障劳动者的合法权益等方面起着极其重要的作用。

数字经济时代的灵活就业形态是随着现代数字技术而发展成长起来的有别于传统市场经济的灵活就业，在推动我国经济的转型发展方面发挥着十分重要的作用，尤其在吸纳就业、促进社会稳定方面起着十分重要的作用。数字经济时代的灵活就业形态与传统全日制用工和灵活用工均有着较大区别，这就要求劳动执法监督检查的有关部门不断创新监督检查方法，以适应数字经济时代灵活就业劳动者社会权益保障的需求。

（二）加强劳动执法监督检查范围

数字经济时代，随着数字科技的发展，出现了大量新型就业形态，这些新型就业形态大多为灵活用工模式。数字经济时代的灵活用工方式存在多样化、隐蔽性的特点。

从数字服务平台的视角来看，不同的数字服务平台内部的劳动用工方式存在差异性，同一数字服务平台内部也存在多种用工方式。

从灵活就业劳动者的视角来看，有的灵活就业劳动者与数字服务平台或企业签订了标准劳动合同，确立了标准劳动关系；而有的灵活就业劳动者则与数字服务平台或企业签订了劳务关系；还有的灵活就业劳动者仅与数字服务平台签订了简单的工作协议。

因此，数字经济时代，相关部门在进行劳动监督检查时，应尽量扩大范围，细化分类，覆盖每一种劳动用工模式，进一步扩大劳动监督检查的范围和力度，对数字服务平台或企业加强监管，确保每一位高校毕业生灵活就业者的权益能够得到有效保障。

（三）创新劳动执法监督检查技术

数字经济时代的灵活就业模式与传统灵活就业模式相比，具有较强的技术依赖性特点。

为了适应数字经济时代的灵活就业模式的这一特点，相关部门应在劳动监督检查的过程中不断创新监督检查技术，在监督检查方式上充分引入互联网思维，打破传统劳动执法监督检查方式的局限性，借助网络新技术和智能化平台对数字经济时代的灵活用工实现及时、精准和高效监管，充分发挥互联网信息技术和数字化技术在劳动监管方面的优势，提高劳动执法监察效率。

例如，劳动监督检查部门可以充分利用大数据技术收集平台劳动者劳动时长、劳动效率等数据，建立平台劳动者劳动安全指标，并以此作为劳动监察的依据，便于后期能够以指标作为基准对平台劳动者在劳动过程中遭受伤害的概率进行明确而有效的判断，从而为促进平台劳动者的保险权益保护提供重要依据。

（四）坚持宽严相济的原则

数字经济时代的数字服务平台企业正处于成长和发展之中。有关部门在对数字服务平台企业进行劳动监督和检查时，应坚持宽严相济的原则，既不能管得过严，也不能过于宽松。具体来说，应从以下两个方面着手。

（1）以发展的眼光看待数字服务平台企业，鼓励数字服务平台企业的发展与壮大，在规范用工方式的同时，允许多样化灵活用工，以减轻数字服务平台企业的发展压力。

（2）加强对数字服务平台企业的用工规范性监管，明确数字服务平台企业与劳动者之间的劳动关系，明晰数字服务平台企业与劳动者各自的合法权益和义务，并对数字服务平台企业加强监督，严格执行劳动保护政策，在数字服务平台企业用工过程中依法维护劳动者的合法权益。

（五）充分发挥工会在监督检查中的作用

工会是职工自愿结合的工人阶级的群众组织，代表广大职工的利益。工会是保护劳动者合法权益的法定组织，具有维护劳动者合法权益的职责。工会是劳动监督检查的重要部门，在劳动监督检查中起着极其重要的作用。工会监督分为普通劳动监督和劳动安全保护监督两种方式。

普通劳动监督是指各级工会对用人单位遵守劳动保护法以外法律法规的情况所进行的监督，其监督检查的内容包括劳动合同、集体合同、工资、工时、休假、劳动安全卫生、女职工和未成年工保护，以及劳动就业、培训、执行社会保险规定等各方面。

劳动安全保护监督则是指工会对用人单位遵守劳动保护法的情况所进行的专项监督，包括劳动作业场所安全的监督，劳动作业场所卫生的监督，劳动者劳动保护的监督等。

全日制劳动形态中工会组织普遍存在于各行各业，在监督用人单位的劳动行为，维护和保障劳动者合法权益方面起着极其重要的作用。然而，传统工会作为保护劳动者权益的组织主要服务于标准劳动关系的劳动者，较少为灵活就业人员服务，使高校毕业生灵活就业者在劳动权益受到损害时，较难借助工会的力量进行维权。

面对数字经济时代，灵活用工模式类型多样，规模逐渐扩大的事实，我国各地工会组织从数字经济时代灵活就业者的特性和需求出发，应当积极改变和调整工会的工作方式，将灵活就业劳动者纳入工会组织。

2022 年 1 月 1 日起，新修改的《中华人民共和国工会法》正式实施。修改后的《中华人民共和国工会法》将新业态纳入工会范畴，明确了新就业形态劳动者的建会和入会权利，为新就业形态劳动者进入工会组织提供了坚实的法律保障。

2021 年，中华全国总工会发布《中华全国总工会关于切实维护新就业形态劳动者劳动保障权益的意见》，其中指出，加强对新就业形态劳动者入会问题的研究，加快制定出台相关指导性文件，对建立平台企业工会组织和新就业形态劳动者入会予以引导和规范。强化分类指导，明确时间节点，集中推动重点行业企业特别是头部企业及其下属企业、关联企业依法普遍建立工会组织，积极探索适应货车司机、网约车司机、快递员、外卖骑手等不同职业特点的建会、入会方式，通过单独建会、联合建会、行业建会、区域建会等多种方式扩大工会组织覆盖面，最大限度地吸引新就业形态劳动者加入工会。

工会作为劳动者的组织，能够将无数劳动者个体的力量集中在一起，从而提高劳动者在劳动关系中的地位，增加劳动者个体与用人单位谈判的砝码。

以网络直播行业为例。网络直播行业由于劳动门槛较低，汇集了各种不同年龄阶段、不同学历的劳动者。这些劳动者中的大多数并不具备独特的技能，通常法律意识较为薄弱，维权意识不强。尤其是未成年就业者，或者刚刚走出校门的就业者，往往由于劳动经验较少，缺乏足够的判断力，难以在劳动关系中维护自身的权益，往往在与用人单位发生劳动纠纷时，无法保障自身权益，有时甚至还要付给用人单位高额的赔偿金。

网络直播工会建立后，吸纳网络主播加入工会，当网络主播工会的规模达到一定程度，工会可以选择代表与网络直播平台就网络主播的基本工资、网络平台的抽成比例、网络主播的劳动权益保障等事宜进行谈判，通过集体协商的形式提高网络主播的待遇，保障劳动者休息权、平等就业权、薪酬权、职业安全权、社会保险权等权益。

三、提升高校毕业生灵活就业者的维权意识和维权能力

高校毕业生灵活就业者刚刚走出校门，缺乏必要的社会经验，在维护自身权益等方面往往存在维权意识较差，维权能力不足的现象。针对高校毕业生灵活就业者的这一现象，我国有关部门或组织应加强对高校毕业生灵活就业者维权意识和维权能力的培养。

加强对高校毕业生灵活就业者法律素养的培养应从以下三个方面着手。

（一）高校大学生就业指导教育中加强毕业生维权意识和维权能力的培养

1. 加强高校毕业生劳动法律素养的培养

高校对毕业生维权意识和维权能力的培养应当涉及以下两个方面。

（1）将维权意识和维权能力的培养纳入高校大学生就业指导教育的每一个环节，让大学生了解到运用法律维权的重要性。

（2）应将《中华人民共和国就业促进法》《中华人民共和国劳动合同法》等法律法规作为高校大学生就业指导教育的重要内容，培养包括高校毕业生灵活就业者的所有毕业生群体的法律素养，以此作为培养高校毕业生维权意识的基础，引导高校毕业生在就业过程中遇到合法权益受侵害时勇敢地拿起法律武器保护自身的合法权益。

2. 加强高校毕业生法律合同意识的培养

合同是保障双方合法利益的重要方式，也是认定劳动关系的法律依据。高校毕业生在择业和就业时由于涉世未深，常常忽略合同的重要性，轻信用人单位的口头承诺，一旦出现纠纷无法使用法律武器维护自身的合法权益。

根据高校大学生就业相关数据调查，合同纠纷是高校毕业生在就业过程中常见的问题，加强高校毕业生法律合同意识的培养，有利于完善高校毕业生的法律思维体系，提高高校毕业生的法律合同意识。

3. 加强高校毕业生法律契约意识培养

根据我国现行的高校毕业生就业体制，高校毕业生在毕业时需与用人单位签订就业协议。高校在大学生即将毕业时，都会向学生发放一份就业协议书，以此明确高校、毕业生与用人单位之间各自承担的责任和义务。高校毕业生在实际就业过程中易出现高校毕业生签约多家单位、确定保底单位、多次跳槽等问题，不利于高校毕业生未来的职业生涯发展。

从数字经济时代高校毕业生灵活就业者的劳动纠纷来看，一些毕业生灵活就业者在与数字服务平台签订协议后，由于不遵守协议的有关规定而需要向用人单位支付大笔违约金。

鉴于此，高校大学生就业指导教育中应加强对高校毕业生法律契约意识的培养，引导高校毕业生领悟法律、合约中所蕴含的法律契约精神、伦理道德精神，培养大学生的就业法律意识，把握道德自律精神，自觉约束自身行为，构建良好的社会道德体系。

（二）社会有关部门加强高校毕业生维权意识和维权能力的培养

社会有关部门应加强社会普法工作，加强对数字服务平台企业的劳动监督和检查，要求数字服务平台企业在与劳动者签订合同之前，应引导劳动者学习、了解相关的劳动法律法规和劳动就业政策。同时，向劳动者全面介绍数字服务平台企业的情况，并要求数字服务平台企业与劳动者签订劳动合同，以保障劳动者的合法权益。

（三）工会组织加强高校毕业生维权意识和维权能力的培养

工会组织作为劳动者群体的组织，应承担起提升劳动者法律意识的重任。针对高校毕业生维权意识和维权能力较弱的现象，工会应切实承担起相关责任，组织高校毕业生学习法律知识。

例如，2021 年陕西省西安市总工会面向西安交通大学的毕业生进行“劳动相关法律培训”宣传讲座。此次劳动法律培训邀请资深律师为学生详细讲解了《中华人民共和国劳动合同法》，并就地方政府出台的关于劳动保障和劳动保护相关规定和政策进行解读。同时，充分结合信访职工维权的普遍诉求和法律援助的典型案例，从如何避免就业时的各类陷阱、签订劳动合同的维权要点及发生劳动争议如何维权几个方面，给即将毕业的大学生上了一堂生动实用的法律课，帮助即将求职的大学生从容选择、自信就业。

针对高校毕业生灵活就业者维权意识和维权能力较弱的现象，各地工会组织还可开展专门性针对毕业生灵活就业者的法律讲座，提高高校毕业生灵活就业者的法律意识，有效避免企业侵权行为的发生，切实维护高校毕业生灵活就业者的合法权益。

四、加强相关企业的社会责任感

数字经济时代，数字服务平台企业出于降低企业运营成本的目的，往往通过灵活用工平台发布任务，不与劳动者形成常规劳动关系，以达到减少社会保险缴纳，降低企业运营成本的目的。针对数字服务平台企业的这一经营特点，我国有关部门应从各方面引导、督促企业肩负起相应的社会责任，有效、合理地落实灵活就业人员的社会保障。

在我国政府有关部门的督促下，近年来，一些数字服务平台企业针对新就业劳动者社会保险覆盖率低，参保种类较少，参保受限较多的现状，积极寻求与社会商业保险企业合作，为灵活就业者提供可替代的商业保险，以保障灵活就业劳动者的合法权益，现已取得了一定成就，为行业内的其他企业提供了范例。

（一）网络直播平台企业

网络主播因内容创作需要，不乏有进行露营、徒步、赶海等户外活动直播的人群，和从事室内直播的主播相比，他们遭遇意外伤害的风险相对较高，对人身意外保险的需求也更大。市面上大部分的意外险都未能满足直播行业的投保需求。

2021 年，虎牙公司联动中国人保财险定制推出了“虎牙主播个人意外险”，并为其平台约 200 名签约户外主播完成了购买，提供每人 100 万元保额的意外伤害保障。“虎牙主播个人意外险”将急性病身故、搭讪伤害、动物伤害、浮潜、赶海、直升机飞行等纳入赔付范围，是一次针对直播行业的人性化产品创新。

（二）网约车平台企业

例如，2017 年，某网约车平台企业面向平台上的劳动者推出了“点滴医保”健康保障计划。该保障计划属于商业保险范畴，涵盖了门诊、住院和重大疾病等医疗保障。该网约车平台的司机每次接单均会进行小额度投入，随着网约车司机接单量的增加，保障额度也会相应增加，并持续累积。该活动受到了平台网约车司机的欢迎，吸引了数百万网约车司机加入。

又如，某网约车平台企业为网约车司机提供了“关怀宝”安全保障。该保障属于商业综合险，由网约车平台企业承担费用，第三方保险公司承保，如果网约车司机在工作期间出现意外事故可获得一定的赔偿额度，从而为网约车司机提供了安全可靠的意外风险保障。

再如，某网约车平台企业于 2021 年 9 月起，在重庆、宁波、杭州三个城市先上线养老计划。司机只要当月的在线时间要达到 150 个小时，即平均一天在线 5 小时，且以当月算起，最近三个月的累计服务时长要达到 90 小时，即可参与该养老保险计划。这一养老保险计划是某网约车平台企业与第三方保险公司合作推出的养老保险产品。该网约车平台企业每个月会从网约车司机的流水中扣取 1% 且最高不超过 150 元的费用，为网约车司机缴纳养老保险。

（三）外卖平台企业

截至 2021 年年底，大约 1 000 万外卖骑手在美团平台注册，这些外卖骑手并非美团的正式员工，而是与美团平台属于外包关系。美团作为外卖骑手的劳动平台，其经营模式为美团将旗下的部分业务外包给第三方企业，第三方企业与外卖骑手之间建立劳动关系，并为美团提供相应的服务。

自 2021 年《关于维护新就业形态劳动者劳动保障权益的指导意见》出台后，在政府有关部门的引导下，美团开始积极探索和试行临时工工伤保险方案，为外卖骑手等新就业群体提供工伤保险保障。美团平台每天从骑手佣金中扣除 3 元为骑手缴纳商业险，一旦发生意外事故，可为骑手提供相应的医疗费用。

从上述案例中可以看出，数字经济时代，灵活就业者的社会权益保障需要激发数字服务企业的积极性和责任感，引导众多企业加入其中才能确保灵活就业者的社会权益落实到位。

2022 年 4 月 11 日，北京银保监局发布《关于做好辖内新市民金融服务工作的通知》，要求各保险机构要对接新市民较为集中的企业，推广雇主责任险，灵活确定保障范围、保费金额、缴纳方式，简化理赔流程。对快递骑手、网约车司机、家政服务员等流动性强、就业灵活的新市民，开发意外险等产品，为其职业伤害风险提供保险保障。对建筑、物流等行业的企业和就业人员，扩大财产险、第三方责任险的保障范围。对旅游企业，鼓励开发旅游服务质量保证金保险等试点产品，助力企业纾困、稳定就业。该政策有利于激发商业保险公司与数字服务平台企业合作共同推出有利于灵活就业者的社会保险服务。

综上所述，数字经济时代，灵活就业者的社会权益保障直接关系着劳动者的身体健康，以及未来退休后的生活保障。灵活就业者的社会保障权益的落实需要政府法律法规政策、劳动监督检查部门、灵活就业者（包括高校毕业生在内）、企业等各方面的共同努力才能实现。

第七章　数字经济时代高校毕业生灵活就业生态体系的构建与完善

第一节　高校公共服务体系的构建与完善

数字经济时代，高校毕业生灵活就业生态体系是指有利于高校毕业生择业、就业，以及毕业生灵活就业者长远职业发展的积极、健康的生态体系，包括高校公共服务体系、政府公共服务体系、社会公共服务体系三个方面。

高校是毕业生走向社会的重要一站，高校毕业生灵活就业公共服务体系的构建与完善直接关系着高校毕业生能否适应数字经济时代灵活就业的需求，能否在灵活就业领域有着长远的职业发展。高校公共服务体系的构建与完善需从以下五个方面着手。

一、引导高校毕业生打破传统的就业观念，树立灵活就业观念

前文已对我国高校毕业生的就业观念的发展与演变，以及数字经济时代高校毕业生就业观的特点进行了详细阐释，这里不再赘述。尽管从整体上来看，数字经济时代，我国高校毕业生已形成了主动性、灵活化、多元化的就业观，然而高校毕业生中仍然存在部分传统就业观念的不良影响，具体包括盲目从众、追求稳定、眼高手低、依赖他人等，对此，我国高校大学生就业指导教育应引导高校毕业生打破传统的就业观念，树立灵活就业观念。

二、优化专业结构，提升专业能力与知识迁移能力

在数字经济时代，随着数字技术的创新与应用，社会知识更新迭代时间不断缩短，高校毕业生走入职场时所选择的就业方式，以及高校毕业生的长远职业发展能力均与高校毕业生的专业知识与能力和知识迁移能力有着直接关系。

（一）优化高校专业结构

数字经济时代，随着我国经济结构改革的深化，一些传统的职业被淘汰，大量新职业应时而生。高校作为社会人才培养基地，应紧随时代发展，优化专业结构，提升高校毕业生与就业岗位的匹配度。

以浙江理工大学为例。浙江理工大学建立了招生—培养—就业联动机制，

2021 年为进一步健全学科专业设置、学科专业建设和监测管理机制，推动就业状况与学科专业设置、招生计划制订三方面工作的联动，实现“招生—培养—就业—发展”的良性循环。浙江理工大学从以下四个方面着手对高校专业结构进行了优化。

（1）建立学科专业的竞争和退出机制，对报考率低、毕业去向落实率低、办学效益低的“三低”学科和专业停止招生。

（2）建立学科专业预警机制，每年发布学科专业诊断与改进方案，对就业形势不好的学科专业及时进行调整。

（3）以就业创业为导向，修订人才培养方案；以就业创业为核心，优化学科专业结构；以就业创业反馈为指导，推进学科专业的课程体系、内容设置、人才培养方案等学科专业内涵的建设与优化。

（4）完善“需求导向、增设计划”机制，对部分实力强劲、特色鲜明、市场需求量大、发展前景好的学科专业增加招生计划，并按照地方社会发展和经济建设的需要，夯实基础支撑学科，发展优势特色专业，扶持社会急需专业，强化与区域经济社会发展密切相关的优势学科和专业链。

除了浙江理工大学，我国其他高校也对专业进行了相应的调整，这里不再赘述。

（二）提升高校毕业生灵活就业者专业能力与知识迁移能力

随着终身学习时代的到来，高校毕业生在未来的职业生涯发展过程中不能一味地依赖高校中学习的知识，而应养成不断学习、终身学习的习惯。此外，还应不断提高知识迁移能力。

智联招聘发布《2022 年大学生就业力调研报告》显示，2022 届高校毕业生中以自由职业作为就业方向的人群占比为 18.6%。《中国灵活用工发展报告（2022）》显示，2021 年中国企业采用灵活用工比例约为 61.14%，较 2020 年上升了 5.46 个百分点。

2021 届高校毕业生灵活就业者更倾向于选择正规单位的非正式就业或兼职员工，在毕业生灵活就业者中比例高达 27.10%，其余依次为非正规单位就业，如微型企业或家庭作坊式（在毕业生灵活就业者中比例为 19.14%）和依靠专业知识技能获取收入的自由职业者（在毕业生灵活就业者中比例为 17.34%）（表 7–1）。

表 7-1　2021 届大学生灵活就业数据统计一览表

项目	类型	比例
灵活就业的形式	正规单位的非正式就业或兼职员工	27.10%
	微型企业或家庭作坊式	19.14%
	依靠专业知识技能获取收入的自由职业者	17.34%
	其他形式的自由职业	14.18%
	从事多重兼职或打零工式的短期、临时性工作（如小时工）	11.54%
	依托平台经济从事互联网营销工作者、公众号博主、电子竞技工作者等新兴职业	10.70%
灵活就业行业领域	教育	31.17%
	文化、体育和娱乐业	14.90%
	信息传输、软件和信息技术服务业	9.98%
	批发和零售业	6.67%
	制造业	5.62%
	建筑业	3.82%
	金融业	3.67%
	住宿和餐饮业	3.50%
	卫生和社会工作	2.88%
	农、林、牧、渔业	2.86%
灵活就业岗位的适配性	依靠专业知识技能获取收入的自由职业者（如作家、设计师、翻译工作者等）	专业相关度占比 62.12% 工作胜作度占比 80.23%
	正规单位的非正式就业或兼职员工（如快递公司无合同的快递员）	专业相关度占比 58.42% 工作胜作度占比 74.92%
	其他形式的自由职业	专业相关度占比 48.25% 工作胜作度占比 68.95%
	非正规单位就业，如微型企业或家庭作坊式	专业相关度占比 40.77% 工作胜作度占比 68.57%
	依托平台经济从事互联网营销工作者、公众号博主、电子竞技工作者等新兴职业	专业相关度占比 40.77% 工作胜作度占比 80.39%

续表

<table>
<tr><th>项目</th><th colspan="2">类型</th><th>比例</th></tr>
<tr><td rowspan="5">灵活就业者满意度</td><td colspan="2">工作环境</td><td>60.66%</td></tr>
<tr><td colspan="2">工作内容</td><td>58.10%</td></tr>
<tr><td colspan="2">工作强度</td><td>55.75%</td></tr>
<tr><td colspan="2">发展前景</td><td>51.16%</td></tr>
<tr><td colspan="2">薪资与福利保障</td><td>47.68%</td></tr>
<tr><td rowspan="6">跨领域灵活就业者岗位适配性与能力素养</td><td rowspan="2">工作满意度</td><td>专业相关领域群体</td><td>70.71%</td></tr>
<tr><td>跨领域群体</td><td>43.75%</td></tr>
<tr><td rowspan="2">工作胜任度</td><td>专业相关领域群体</td><td>87.64%</td></tr>
<tr><td>跨领域群体</td><td>62.18%</td></tr>
<tr><td rowspan="2">能力满意度</td><td>专业相关领域群体</td><td>78.33%</td></tr>
<tr><td>跨领域群体</td><td>46.38%</td></tr>
</table>

新技术、新业态、新模式、新产业为代表的新经济蓬勃发展，复合型、创新型和技能型人才的需求日益增加，而随着新经济发展、新业态出现而崛起的新型灵活就业人员的职业技能准备则显得尤为重要。调查结果显示，专业相关领域自由职业者从业满意度、胜任度和能力满足度较高；而跨领域从事自由职业的群体发展现状则较差，其对目前工作满意度、胜任度和能力满足度比专业相关领域者低 30% 左右。

从表 7–1 中可以看出，高校毕业生灵活就业者选择的工作岗位大体可划分为技术密集型和劳动密集型两种类型。其中，技术密集型工作岗位占比较大，对高校毕业生的专业技术实践能力要求较高，如翻译人员、设计师、咨询师等。这些专业技术密集型工作中学生的专业契合度和行业适应能力均较为突出。

数字经济时代的灵活就业趋势，要求高校毕业生将课堂知识转化为实际操作能力，以适应不同岗位的需求。这就要求高校在提升学生专业知识和专业能力的同时，还应着重提升学生的专业实践能力，培养学生的知识迁移能力。因此，高校应了解个体专业就业需要拓展的能力，并通过校企合作等形式，为高校毕业生搭建实践平台。

具体来说，高校毕业生专业实践能力的培养可通过以下两种途径实现。

1. 专业成长导师制度

专业成长导师制度是指高校在对大学生进行常规教育的同时，为大学生配备本专业的资深教师，采用一对多的形式，由一名专业资深教师对应数名学生，为学生解答专业方面的疑惑，定期与学生探讨专业问题，为学生制订专业拓展学习计划，以便引导学生更加深刻地理解本专业知识。

自改革开放以来，我国高等教育规模不断扩大，现已建成世界最大规模的高等教育体系，涉及专科教育、本科教育、研究生教育、博士生教育、博士后教育等教育层次。我国研究生以上教育层次中采用导师制，将导师作为研究生培养的第一责任人。

本科教育是指高等教育的中级层次教育，包括普通本科教育、职业本科教育、应用型本科教育等各类本科层次的教育，是高等教育的重要组成部分。在本科教育中实行专业成长导师制度，能够引导本科生更好地认识专业，培养本科生的专业拓展能力，将专业知识和能力的培养与未来职业发展联系起来。

2002 年 9 月，浙江大学率先试点全面实行本科生导师制，成为我国首批试点本科生导师制的高校。之后，北京大学于 2003 年全面实施本科生导师制。

2005 年 1 月，教育部发布的《关于进一步加强高等学校本科教学工作的若干意见》中明确提出，“有条件的高校要积极推行导师制，努力为学生全面发展提供优质和个性化的服务”。

此后，我国其他高校陆续开始在本科教育阶段试点实行导师制。本科生导师制即从学生入学开始，学院导师对其进行全周期、系统化的专业指导和职业规划。

以浙江大学为例。《浙江大学机械工程系本科生导师制管理办法（试行）》中对本科生导师的工作职责进行了详细说明，主要包括以下五个方面。

（1）关心学生的思想状况，引导学生树立正确的世界观、人生观和价值观，促进学生知识、能力、素质协调发展。

（2）言传身教，以自己严谨的治学态度，引导学生优良职业道德的养成。

（3）注重学生的个性健康发展和科学精神、人文精神、创新精神以及专业素质的培养。

（4）针对学生个体差异，对个人学习计划制订、社会实践、专业实习、企业就业实习、职业生涯设计等方面进行指导。

（5）导师须接受学生的约见面谈；每学年向本科生群体开展三次以上的讲座辅导、实践指导或带队社会实践；主动配合系做好学生日常管理和思想教育工作。

从以上五个方面来看，本科生导师制的设置，能够有针对性地对学生的专业进行学习、指导，在提升学生专业学习能力的同时，还能够全面培养学生的职业素养，有利于学生更好地将专业学习与未来的职业发展结合在一起。

2. 校企合作

校企合作是培养和提升大学生专业实践能力的重要途径，校企合作不仅能够提升学生的实践能力，加深学生对专业知识的理解，拓宽学生专业理论知识的广度，并在具体实践中学习如何更好地运用专业知识及进行知识迁移，培养技术技能型应用人才。此外，校企合作还能够促进产教融合，提升企业的科研能力。

校企合作的模式主要包括技术合作模式、科技攻关项目模式、现代学徒制模式、职教集团模式、共建实训基地模式、共建二级学院模式等。校企合作广泛存在于普通本科生教育，其中，高职院校所培养的技术技能人才更加注重通过校企合作锻炼学生的专业实践能力。

以深圳职业技术学院的校企业合作为例。深圳职业技术学院的校企合作主要表现在以下两个方面。

（1）实行现代学徒制。现代学徒制是通过学校、企业深度合作，教师、师傅联合传授，对学生以技能培养为主的现代人才培养模式。深圳职业技术学院作为现代学徒制试点，实施“一中心、三全程、四融合”人才培养模式改革，培养面向新一代信息技术的创新型高技能人才，精准对接深圳区域经济和产业升级发展最新需要，即以学生全面发展、个性成才为中心，将价值塑造贯穿人才培养全过程、创新能力培养贯穿人才培养全过程、项目实践贯穿人才培养全过程，打造产教科融合、岗课证融合、智能信息技术与教育教学融合、技术技能与文化融合，不断强化办学特色，强化对接地方支柱产业的产教研实力。

（2）设立技能竞赛奖学金制度。技能竞赛奖学金制度是深圳职业技术学院为了提高学生职业技能而设置的制度，鼓励学生参加校、地区、全国甚至国际技能竞赛，并对在技能大赛中表现突出的学生、指导教师进行奖励，在校园中营造比拼赶超的氛围，鼓励学生进行专业技能探索与创新。

三、加强高校毕业生职业素养的培养

数字经济时代的灵活就业形式不同于全日制就业形式，更加强调灵活就业者的综合素质。除了专业能力及专业实践能力，还强调灵活就业者的人际沟通与表达能力、团队协作能力、解决问题的能力、管理时间与情绪的能力等，这些综合性能力无法从单一的课堂化教学中获得。因此，高校应从多个方面着手培养高校毕业生的综合性职业素养。

以浙江大学为例。浙江大学十分重视高校学生的职业能力培养，为了适应浙江大学人才培养目标定位和社会市场需求，浙江大学提出了毕业生需具备十种职业能力素养（表 7–2）。

表 7–2　浙江大学毕业生职业能力素养内容

序号	能力素养	具体内容
1	专业知识	能够掌握本专业知识并将所学知识用于解释本专业领域现象和问题
2	分析解决问题的能力	能够应用专业基本原理和方法对问题进行判断、分析和研究，提出相应对策和建议，并形成解决方案
3	信息收集及分析能力	能够使用恰当的现代信息技术工具对专业领域数据信息进行收集和分析处理
4	沟通与表达能力	能够使用书面和口头表达方式就专业领域现象和问题进行有效沟通与交流，并在跨文化背景下具备一定的沟通交流能力
5	团队合作能力	具备团队协作意识，能够在专业业务及多业务团队活动中发挥个人能力并与其他成员协调合作
6	组织管理与领导能力	具备领导和组织管理能力，能够在业务团队或非正式组织中推动决策和执行
7	自主学习与终身学习意识	具有自主学习和终身学习意识，有不断学习与适应发展的能力
8	创新意识与创造力	具有创新意识和变革能力，能够提出具有价值的新技术和新方法，或提供创造性的解决方案
9	职业道德规范	具有职业道德意识，能够在实际工作中遵守职业行为规范
10	锐意进取精神与发展潜力	具有锐意进取精神，具备成为业界精英的潜力

高校学生在校期间，相关组织机构或导师在注重培养毕业生专业知识能力的同时，重视毕业生的职业能力素养培养，通过开设不同类型的课程，帮助和引导毕业生培养职业能力，完善毕业生的能力体系，使高校毕业生能够更好地适应数字经济时代灵活就业的发展趋势。

四、完善高校大学生就业服务体系

数字经济时代，为了使高校毕业生更加适应社会灵活就业趋势，应建立完善的高校大学生就业服务体系。这一点已在前文中进行了详细地论述和分析，这里不再赘述。

五、注重高校创新创业教育

自主创业是数字经济时代灵活就业的重要组成部分。数字经济时代为高校毕业生自主创业提供了良好的机遇，而自主创业作为一项极其复杂的系统工程，对毕业生的综合素养有着较高要求。高校毕业生如果缺乏创新创业知识，则不仅无法识别创业机会，而且在创业机会到来时也极易因相关知识和能力不足而遗憾错过。

创新创业教育是国家实施创新驱动发展战略、促进经济提质增效升级的迫切需要。数字经济时代，高校应进一步建立和健全创新创业体系，提升高校毕业生创新创业能力。

（一）构建素质过硬的创新创业导师队伍

高校创新创业师资力量，是保障创新创业教育实践的关键主体，在高校毕业生创新创业能力培养中起着极其重要的作用，主要表现在以下三个方面。

1.引导高校毕业生树立正确的创新创业价值观

教师承担着为学生进行传道、授业、解惑的责任，在高校创新创业教育中，教师的一言一行均会对学生产生潜移默化的影响。教师在进行创新创业教育中，可以通过自身的言行以及案例教学的方式，引导高校毕业生树立正确的创新创业价值观，树立创新创业意识。

2.培养和提升高校毕业生的创新创业知识与能力

高校创新创业教育的主要目的是培养和提升高校毕业生的创新创业知识与能力，在毕业生创业学习和实践时为学生答疑解惑。

如果高校的创业导师具备较为丰富的创业经验，以及较高的教学能力，那么，创业导师在创新创业教学中则会以丰富多彩的课程设计激发学生的学习兴趣，从而通过在课程学习中培养学生的创新创业能力。反之，如果高校创新创业导师自身没有创业经验，那么在进行创新创业课程教学时，只能照本宣科，或无法抓住课程的重点，难以真正提升大学生创新创业能力。因此，高校应建立一支素质过硬的创新创业导师队伍，避免创新创业课程流于形式。

高校创新创业教育应当打破传统的“一言堂”式课堂教学模式，采用“理论+案例”“仿真+平台”“指导+实践”“专业+创业”的教学模式，在专业教育的知识体系基础上融入商学、教育学、管理学、心理学等多门学科，培养高校毕业生的多学科和跨学科创新创业能力。

3. 促进高校毕业生的创新创业成果转化

高校毕业生创新创业成果转化是高校创新创业教育的目的，创业素质过硬的高校创新创业教师一般具有丰富的创业实践经验，在引导高校毕业生创新创业成果转化方面起着极其重要的作用。

（二）构建良好的高校创新创业氛围

高校校园内部的创新创业氛围能够对大学生产生潜移默化的影响。如果高校内部的创新创业氛围较强，人人以创新创业为荣，学校对大学生的创新创业行为加以表彰和鼓励，对创新创业的失败者给予宽容和理解能够激发大学生的创新创业兴趣，引导大学生将创新创业作为未来职业规划，从而促使大学生积极学习各种创新创业知识，不断提升创新创业能力。因此，高校在开设专门的创新创业课程之外，还应注重营造良好的校园氛围。

例如，在高校设立创业奖励基金、扶持基金和孵化基金，支持高校创新创业项目的转化。在创新创业课程之外，构建创新创业辅导系统，通过外聘企业家、投资人、行业专家等担任校外创业导师，形成生态化、全链式创业辅导体系，等等。

以清华大学为例。清华大学是我国较早开展创新创业教育的高校之一，自20世纪后期开始推出一系列创业政策和措施。

1997年，清华大学创业协会成立。

1998年，清华大学举办了首届创业计划大赛。

1999年，举办了全国挑战杯创业计划大赛。

1999年，经管学院MBA教育项目中开设创新与创业管理方向。

1999年，经管学院面向全校本科生开设高校技术创业管理课程。

2013年，清华大学设立“三创空间”（创意、创新、创业）平台。

2014年，清华大学启动“清华创客日”系列活动。

2015年，清华大学开设创新创业辅修学位。

2015年，清华大学与其他高校共同成立了中国高校创新创业教育联盟。

2016年，清华大学发布了《关于深化创新创业教育改革的实施方案》。

为了激发大学生的创业兴趣，参与到创业实践活动中去，清华大学在校内开展了创业大赛、“校长杯”创新创业挑战赛、英特尔中美创客大赛、互联网金融创业训练等多种创业比赛、沙龙、讲座等，为学生们提供了丰富的创业组织。清华大学校团委还设立了“TIE 计划”“启创计划”等创业人才培养计划。

此外，清华大学还以与社区、其他高校、企业及国际合作的形式在校园内部设立了多样化的创业基金，为高校学生的创业实践提供资金保障，并助力大学生创业成果转化在校园内构建了良好的创新创业氛围。

（三）构建完善的创新创业课程体系

创新创业课程是大学生学习创业知识，提升创业能力不可或缺的因素。如果高校开设的创新创业课程体系健全，且创新创业课程的目标清晰，贯穿于大学生学习的各个阶段，并以不同形式培养大学生的不同创新创业能力。那么，大学生普遍能够学习到足够的创新创业知识，达到切实提升大学生创新创业能力的目的。反之，如果高校的创新创业课程流于形式，大学生无法从中学习必要的创新创业能力，那么大学生将无法培养足够的创新创业能力。

以清华大学为例。清华大学的创新创业教育课程所面向的学生主体为全体学生，针对不同层次的学生开展的创新创业课程也不尽相同（表 7–3）。

表 7–3　清华大学创新创业课程一览表

创新创业教育层次	创新创业课程	创新创业课程内容
本科生	创业通识课程	创业管理
		创业特训营
		技术创新管理
		优秀创业人才培养计划
研究生	创业通识课程	创新研究
		创业研究
		创新方法
		设计思维
	创业技能课程	创业实验室
		创办新企业
		创业创新领导力
		创业机会识别与商业计划

续表

创新创业教育层次	创新创业课程	创新创业课程内容
MBA 创新创业方向	创业课程	创业管理
		创业投资管理
	实践课程	创业战略创新
		组织创新与分析
		技术驱动商业创新
		全球互联时代的商业创新
		知识产权
		创新与公司战略
创新创业相关证书课程	实践课程	设计思维
		创新方法
		从创造力到商业化

从清华大学创新创业教育的内容可以看出，创新创业课程体系既应包括通识课程，还应与专业相结合，同时在创新创业理论教学之外，还必须进行创新创业实践教育。

1. 创新创业通识课程

大学生创新创业通识课程的设置一般针对全体学生，面向全体专业。高校可以通过设置校级必修课的形式，对每位大学生平等地开展创新创业通识教育。创新创业通识教育主要涉及创业的概念、内涵、意义以及创业的基础知识等。其目的主要在于激发和培养大学生的创业意识和创业动机，让大学生了解创业的基本知识和创业流程、特点。

2. 与专业融合的创新创业课程

大学生创新创业有着不同层级的目标，涉及不同专业领域，因此，高校毕业生自主创业教育应与大学生专业相融合，培养大学生及时了解社会对本专业人才的需求标准，以及本专业的特点和发展趋势，引导大学生树立正确的就业价值观，树立远大的发展目标，激发大学生的创业意识，培养大学生的创业精神，创业使命感和责任感。

3. 创新创业专业课程

创新创业专业教育是指更深层次的创新创业教育，包括创新创业理论知识和实践教育两个方面，通过理论教育切实培养大学生的创新创业知识和能力。

4. 创新创业实践课程

创新创业实践课程是指大学生在学习创新创业理论知识之外，通过创业实践活动、创客活动，以及大学生创业大赛等活动，将所学的创新创业知识应用于实践，在创业实践中获得与成功企业家直接对话交流的机会，获取有益的创新创业实践经验，增强大学生对创新创业的感受，并且激发大学生创新创业的灵感。

创业实践是高校创新创业教育的重要环节之一，高校创新创业实践课程中，高校教师可以充分利用创新创业模拟基地带领学生进行创新创业实践，将理论与实践相结合，培养大学生的创新创业知识和能力。

创新创业是一项特殊的活动，必须进行实践才能真正领会创新创业知识，切实提升大学生创业者的创新创业能力。

（1）构建创新创业模拟基地。高校创新创业教育创新创业模拟基地的构建需以专业作为依托，可对学生进行资金支持、实践基地、技术指导，大体可划分为四种类型，即创新训练类实践基地、创新竞赛类实践基地、创业体验类实践基地、创业孵化类实践基地。

高校创新创业模拟基地，能够引导和帮助大学生进行创业实习实践，让大学生通过学习撰写创业计划书，参与商业路演，向赞助商、投资家、企业家等人士进行宣传与推荐，接受风投、创业领域专家的点评和指导，全面提升大学生的创业能力。

（2）众创空间。众创空间能够为大学生群体提供创业微观环境，大学生的创新创业项目在众创空间能够得到快速孵化成长，有利于大学生积累创新创业经验，为毕业生自主创业奠定实践基础。

（3）创新创业大赛。高校大学生创新创业大赛，是一种通过紧张的小组合作竞赛的模式，能够综合考查和培养大学生的创业知识和能力，有利于大学生亲自体验创新创业的过程，了解创业流程，拓展创业视野，在创业大赛中积极锻炼大学生将创业理论应用于创业实践的能力，全面提升大学生的创业知识，培养大学生的创业能力。高校大学生创新创业大赛通常以小组合作作为参赛组织。大学生参加创新创业大赛，能够培养团队意识和创新品质。

第二节　政府公共服务体系的构建与完善

构建数字经济时代高校毕业生灵活就业生态体系离不开政府公共服务体系的支持，政府在促进高校毕业生灵活就业发展中扮演着极其重要的角色，尤其在构建高校毕业生灵活就业社会支持体系中起着举足轻重的作用。

一、倡导社会新型就业观念

数字经济时代，随着新就业形态的崛起，高校毕业生逐渐形成了主动性、个性化、灵活性的就业观念，在这种就业观念的影响下，部分高校毕业生走上了灵活就业的道路。

然而，高校毕业生的就业观念除了受高校大学生指导教育等校内教育的影响，还受社会就业观念的影响。高校毕业生就业观念的形成受大学生主观因素和客观因素的双重影响，毕业生主观因素包括大学生的性格因素、对社会就业环境的认识、对未来职业的规划、对自身的定位等方面。

影响高校毕业生就业观念的客观因素则包括高校因素、家庭因素、社会因素。高校因素已在上文中进行了详细分析，这里不再赘述。

家庭因素是影响高校毕业生就业观念的主要因素。家庭是大学生成长和成才的摇篮，家庭教育对大学生的成长起着潜移默化的作用。高校毕业生在择业、就业过程中，除了遵循自我的想法，往往会咨询、倾听父母和朋友的意见，在综合亲人期待的基础上进行择业和就业。此外，家庭往往还会为刚走上就业岗位、处于职场上升期和发展期的毕业生提供经济支持、资源支持，而高校毕业生在择业和就业过程中获得家庭支持，将会鼓励毕业生以更加积极的态度面对在就业岗位上遇到的挫折。

如果家庭就业观念倾向于传统的就业行业，高校毕业生受长期的家庭就业观的影响，在择业和就业过程中可能更加倾向于符合家庭期待的就业方式，而如果家庭就业观念崇尚创新和个性化，则高校毕业生在就业时更易崇尚个性化就业方式。

社会因素对高校毕业生就业观念的影响，主要体现在社会舆论方面。如果社会舆论呈现出开明、宽松的特点，对选择灵活就业方式的高校毕业生较为宽容，则能够鼓励高校毕业生从个体兴趣和职业发展出发，选择灵活就业方式。如果社会舆论对高校毕业生从事灵活就业充满质疑，那么高校毕业生则会受到更多压力，从而影响高校毕业生的择业观和就业观。

家庭因素和社会因素对高校灵活就业的错误认识是导致社会价值观落后的主要原因。传统的灵活就业生产规模小、效率低下、收入低、环境恶劣、不重视劳动者权益保护等，数字经济时代的灵活就业与传统灵活就业之间存在着本质区别。对此，政府有关部门应加大对数字经济时灵活就业范畴和特点的宣传，引导人们对传统灵活就业观和数字经济时代的灵活就业观进行区别。

此外，针对社会因素对高校毕业生就业观的影响，政府应在引导社会就业观方面发挥积极主动的作用，通过政策支持、舆论引导、建立健全服务体系等手段，培养社会新型就业观。具体可从以下两个方面着手。

（1）借助大众媒介和社区传播宣传数字经济时代的灵活就业。现代化大众媒介受众广，社会接受度高，政府有关部门可通过对杰出的、典型的高校灵活就业者的事迹进行报道等形式引导社会大众了解数字经济时代灵活就业的特点，普及社会群体对灵活就业各方面的认知。

此外，还可借助社区会展、社区活动等手段充分利用社区手段，做好社群宣传。引导社会大众了解数字经济时代的灵活就业。

（2）通过国家有关部门对灵活就业形式的扶持引导社会大众改变对灵活就业的看法，消除社会大众对灵活就业者的歧视，为数字经济时代高校毕业生灵活就业者创造更加宽松的就业环境。

二、构建完善的灵活就业者公共扶持政策

数字经济时代，促进高校毕业生灵活就业，政府还应构建完善的灵活就业者公共扶持政策，主要包括以下三个方面。

（一）为高校毕业生灵活就业者营造宽松的就业环境

灵活就业本质上是劳动力资源与生产要素在供需条件约束下形成的一种特定生产服务方式和工作形态。灵活就业并非是数字经济时代的新生事物，而是早就存在于人类社会经济发展中的一种就业形式，是一种特定且不断发展的劳动力市场形态。

灵活就业在农业经济时代表现为零工劳动，在工业经济时代则被命名为灵活就业现象，到数字经济时代表现为新就业形态，在不同经济社会发展时期有着不同的表现。数字经济时代高校毕业生灵活就业者的就业观念和从业动机主要从

个人兴趣和职业发展出发，依托移动互联网技术为基础形成的网络配置机制，从事电子商务、文化设计、艺术娱乐、远程教育辅导及其他个体性消费服务业等行业。数字经济时代高校毕业生灵活就业呈现出平台用工为主和全职化趋势的特点。

政府在推动高校毕业生灵活就业时，应从以下三个方面着手，为高校毕业生灵活就业者构建宽松的就业环境，为灵活就业的毕业生群体创造更多的就业岗位，以增强高校毕业生选择灵活就业的主动性和意愿度。

1. 大力发展数字经济，持续推进社会产业转型升级

数字经济时代，数字技术作为生产力，推动着社会产业转型升级。产业转型升级的过程是不断淘汰落后产能，发展和壮大新兴产业，同时对传统产业生产链进行改造的过程，能够为社会创造大量新的就业岗位。

现阶段，我国正处于数字经济的发展初期、产业转型升级的关键时期，未来随着数字经济的快速发展，以及产业转型升级的深化，将会出现更多新的职业，为高校毕业生灵活就业者的就业提供多样化选择。因此，我国应推动区域数字经济协调发展，持续推进社会产业转型升级，克服数字经济发展的区域不平衡、结构性失衡等一系列现状，补齐短板，以数字赋能战略推动高校毕业生灵活就业。

2. 扶持中小型和微型企业的发展

根据《2022 年大学生就业报告》显示，高校毕业生灵活就业者的就业选择更加趋于理性，百人以下的中小企业对高校毕业生灵活就业者的吸引力正在不断增强。

《2022 年大学生就业力报告》指出，高校毕业生灵活就业者除了小部分选择正规单位的非正式或兼职员工，更多的高校毕业生灵活就业者则选择微型企业或家庭作坊式、自由职业作为就业方式，而自由职业者所合作的企业中不乏中小型和微型企业。

从以上两份报告中可以看出，中小型企业和微型企业在吸纳高校毕业生灵活就业方面起着十分重要的作用。

高校毕业生与中小型和微型企业是我国高校人才就业市场两端的关键群体，近年来，中小型企业和微型企业在高校毕业生就业市场表现出较强的活力，为高校毕业生提供了大量的灵活就业岗位。因此，我国政府有关部门应大力发展中小企业和微型企业，通过财政补贴、税收优惠、信贷政策倾斜等手段为中小企业和微型企业的发展提供支持，鼓励中小企业和微型企业为高校毕业生设置更多灵活就业岗位。

3. 深化户籍制度改革

户籍制度是以户为单位的人口管理政策，户籍表明了自然人在本地生活的合法性。户籍制度与高校毕业生落户、保险、购房等存在重要联系。数字经济时代，大量高校毕业生灵活就业者的就业方式属于跨地区就业，且由于高校毕业生灵活就业者与用从业单位之间的关系属于非稳定劳动关系，参加养老、医疗等社会保险，受到诸多限制，不利于社会公平的实现，在客观上阻碍了一部分高校毕业生灵活就业。

深化户籍制度改革能够促进社会公平，适应数字经济时代社会人口流动的趋势及高校毕业生灵活就业趋势，鼓励灵活就业人员跨区域发展。

2022 年 3 月，国家发展改革委发布了《2022 年新型城镇化和城乡融合发展重点任务》，其中指出城区常住人口 300 万以下城市落实全面取消落户限制政策。实行积分落户政策的城市确保社保缴纳年限和居住年限分数占主要比例。鼓励人口集中流入城市区分中心城区和新区郊区等区域，制定差异化落户政策。推动具备条件的都市圈和城市群内户籍准入年限同城化累计互认。可以预见，这一政策的发布，将进一步推动我国户籍制度改革的深化和发展。

（二）建立健全高校毕业生灵活就业者政策支持体系

近年来，我国数字经济时代高校毕业生灵活就业的发展虽然取得了一定成绩，但是仍然存在着一定的挑战，集中表现在高校毕业生灵活就业者的就业质量、公共政策和服务存在一定的短板，多元主体协同治理机制有待完善。为了适应数字经济时代高校毕业生灵活就业的发展趋势，我国政府有关部门应当进一步建立、健全高校毕业生灵活就业者政策支持体系。

1. 对现行法律法规进行调整和修改

数字经济时代高校毕业生灵活就业以平台就业形式为主，高校毕业生灵活就业者与用人单位之间的劳动关系更加复杂多样，正在打破传统就业形态的用人单位和劳动者关系。

然而，由于数字经济时代平台用工方式出现时间较短，且在短时间内发展迅猛，导致国家有关法律法规制度滞后，使高校毕业生灵活就业者面临着就业安全性不足、利益表达渠道狭窄、权益保障制度滞后于实践发展需求等一系列发展困境。

根据我国 2022 年 1 月发布的《“十四五”数字经济发展规划》显示，未来 5 ～ 10 年内，我国数字经济仍将保持迅猛的发展态势，推动高校毕业生灵活就业者的规模持续增长。我国有关部门应对现行法律法规进行调整和修改，如灵活就业人员的劳动关系认定等，使之更加适应数字经济时代高校毕业生灵活就业的趋势，保障高校毕业生灵活就业者的权益。

2. 规范灵活就业者薪酬计算机制

数字经济时代，高校毕业生灵活就业者中存在部分劳动密集型就业者，其中包括外卖骑手、网约车司机、小时工等。

数字经济时代，劳动密集型的灵活就业岗位大多依托于平台企业，而平台企业则普遍以算法作为核心。平台算法以云计算、大数据、人工智能等作为技术背景，具有较强的复杂性。

以外卖平台为例。外卖平台以严格的算法系统作为支撑，能够较为精准地控制外卖骑手的服务时间。外卖平台根据距离长短，以及当地的交通状况，对骑手行驶路线的规划，能够较精准地规划骑手送餐时间，要求外卖骑手在系统规定的时间内将餐品送达客户手中。一旦外卖骑手超时后，不仅面临着客户的差评和投诉风险，还面临着系统减少派单、停止派单等风险。在外卖平台企业的算法系统下，外卖骑手往往只能“赶”时间，不仅要跑步进小区、跑步上楼，还要在路上争分夺秒。

与算法系统相配合的还有一整套严格的考核机制：一方面，外卖平台以“按单计价”激励外卖骑手尽可能多地接单、送单；另一方面，外卖平台通过准时率、差评率、配送原因取消单量等考核内容严格约束骑手。准时率的降低，意味着外卖骑手在平台的算法中失去了“接单优势”，也会在内部排名中降低名次，无缘各类奖励。

外卖骑手为了获得平台的各种奖励，往往会想方设法加快送餐速度，为了缩短配送用时，有的外卖骑手常常铤而走险，做出违反交通规则的行为，在无形中增加了外卖骑手的交通风险。

由此可见，平台算法如果使用不当会将灵活就业者“困”在平台系统中，损害灵活就业者的权益，增加灵活就业者遭受职业伤害的风险。

2021 年 7 月，人力资源和社会保障部、国家发展改革委等八部门联合发布《关于维护新就业形态劳动者劳动保障权益的指导意见》，其中要求平台优化算法原则，禁止平台将最严算法作为考核要求，遏制“以罚代管”的现象。未来，我国有关部门还将聚焦重点行业、重点领域，推动具有影响力的互联网平台企业依法建立工会组织，规范灵活就业者薪酬计算机制，切实保障灵活就业者的利益。

（三）建立健全高校毕业生灵活就业者适用的优质社会服务体系

高校毕业生就业者刚刚走出校门，在职业发展中还应不断学习新知识和新技术，了解社会就业的最新趋势，以及劳动合同、劳动权益等法律知识。此外，高校毕业生灵活就业者大多借助网络、招聘会和媒体进行择业和就业，由于一些网络上的信息良莠不齐，存在虚假就业信息，如果不能认真鉴别，极可能导致高校毕业生在择业和就业时陷入困境，对此，政府有关部门应针对高校毕业生灵活就业者建立健全优质社会服务体系。

1. 构建完善的社会灵活就业服务

地方政府有关部门可通过开通专门的灵活就业服务热线、建设灵活就业服务平台等途径，为高校毕业生灵活就业者提供信息服务、职称评审服务、建立灵活就业人员退出机制等。

以北京市社会灵活就业服务工作为例。

（1）对高校毕业生灵活就业者实行保险补贴服务。2020 年，《北京市人力资源和社会保障局支持多渠道灵活就业实施办法》指出，对 2020 年及之后毕业离校 2 年内的初次就业为灵活就业的本市高校毕业生，给予最长不超过三年的灵活就业社会保险补贴。对现享受灵活就业社会保险补贴政策期满，仍未通过其他形式实现稳定就业的，政策享受期限延长 1 年，实施期限至 2020 年 12 月 31 日。

针对外埠灵活就业人员开通了专门的就业失业登记渠道，外埠灵活就业人员可通过登录北京市人力资源和社会保障局政府网站、北京人社 App 和微信公众号办理就业失业登记。

（2）畅通灵活就业者职业评定渠道。2018 年，北京市出台了《关于深化职称制度改革的实施意见》，提出要进一步打破国籍、户籍、身份等制约，并选择在自由职业人才最为集中的艺术领域，开展试点评价工作，将自由职业专业技术人才纳入了全市职称评价范围。

2019 年，北京市人力资源和社会保障局发布，首批 10 名自由职业人才凭借自身优秀的代表作，通过了专家评审，最终分别获得了高级和中级职称。

2020 年，《北京市人力资源和社会保障局支持多渠道灵活就业实施办法》指出，畅通灵活就业专业技术人员职称评审渠道，符合本市职称评审条件的灵活就业专业技术人员，可由行业主管部门认可的行业协会学会等履行公示推荐等程序，按《北京市职称评审管理暂行办法》规定申报相关专业职称评审。

从北京市社会灵活就业服务工作来看，高校毕业生灵活就业者保险补贴服务能够减轻灵活就业者在就业初期的负担，有利于提升灵活就业者的安全感和对未来职业的认同度，而灵活就业者职业评定渠道的畅通则有利于高校毕业生灵活就业者进行长远职业规划，为高校毕业生灵活就业者的成长成才保驾护航。

除了以上两个方面，地方政府还应为高校毕业生灵活就业者做好求职登记、失业登记，免费获取岗位信息、职业指导、职业培训等公共就业服务，就业陷阱识别、灵活就业退出机制等服务。

2. 实行形式多样的培训服务

高校毕业生灵活就业者虽然掌握了一定的专业知识和专业能力，然而在具体的就业实践中，高校毕业生灵活就业者仍需要学习和掌握劳动法律、地方政府法律法规以及行业专业技能、职业素养等知识。地方政府应从高校毕业生灵活就业者的需求出发，为高校毕业生灵活就业者提供有针对性的培训服务。

以网络主播为例。近年来，随着网络直播行业崛起，越来越多的高校毕业生以网络主播的方式就业。然而，网络主播作为新生职业，在高校中还未设置专门的对口专业。

此外，网络主播的就业门槛较低，任何专业的高校毕业生均可加入其中。然而，高校毕业生跨专业进入网络直播行业时需要了解网络直播行业的相关法律法规、行业技能等，对此，许多地方政府纷纷开设直播带货技能培训班或互联网营销师培训班对网络主播进行必要的职业技能培训。

除了网络主播培训，地方政府还可根据本地经济发展以及灵活就业人员就业范围等开展各种职业技能培训服务。

3. 畅通的信息服务

地方政府可通过建立健全灵活就业岗位信息库、高校毕业生灵活就业人员信息库和线上求职招聘平台，为高校毕业生灵活就业人员提供切实有效的服务。

4. 专业的个性化咨询服务

高校毕业生灵活就业群体在就业过程中难免遇到职业困惑或职业发展“瓶颈”，或对未来职业发展感到迷茫，不能清晰地规划自身的职业发展道路。针对高校毕业生灵活就业者的这一现象，地方政府可开设专门的高校毕业生灵活就业者个性化咨询服务。通过畅通咨询渠道，为高校毕业生灵活就业者进行一对一的咨询，针对高校毕业生灵活就业者的困惑进行有针对性的指导，并且采取跟踪咨询的方法对高校毕业生灵活就业者进行长期辅导，引导高校毕业生灵活就业者对职业进行长远规划。

三、健全数字经济时代灵活就业社会保障体系

数字经济时代，高校毕业生灵活就业者面临着社会保障覆盖不到位的客观现实。保障灵活就业人员的合法权益，既是及时有效化解劳动纠纷、促进劳动关系和谐稳定的新举措，也是拓宽就业新渠道、培育发展新动能的必答题，因此，我国地方政府应进一步健全数字经济时代灵活就业社会保障体系，将高校毕业生灵活就业者纳入社会保障体系范畴，保护高校毕业生灵活就业者的合法权益。这一点在前文已进行了详细分析，这里不再赘述。

值得指出的是，数字经济时代高校毕业生灵活就业者在就业维权的过程中面临着维权时间长、成本高、代价大等维权难的现象。许多高校毕业生灵活就业者因此而被迫放弃维权，这不仅不利于高校毕业生灵活就业者对灵活就业的认同度，而且还存在助长社会不良用工机制，造成灵活就业者就业环境的恶劣化的可能。对此，我国政府有关部门应进一步优化高校毕业生灵活就业者的维权渠道，简化高校毕业生灵活就业者维权流程，保障高校毕业生灵活就业者的合法权益。

例如，2021 年 10 月，广西南宁市西乡塘区南宁市劳动保障监察支队、南宁市西乡塘区人民法院联合成立了全国首个灵活就业人员合法权益保障联动化解中心。通过劳动监察执法和人民法院司法联动，缩短灵活就业人员劳务报酬类纠纷的维权时间，降低维权成本。灵活就业人员合法权益保障联动化解中心的成立既简化了当事人的维权流程，又确保了维权的法律效力和执行力，具有较强的示范意义。

四、构建完善的自主创业政府服务体系

创业是一项系统性工作，需要大量社会资源的支持。大学生刚走出校门，需要创业的信息服务系统、咨询服务系统等的支持，这些支持大多反映在智力方面，所以称为智力援助与支持。

尤其是高校毕业生创业初期面临着社会资源贫乏、渠道单一和管理随意的特点，政府可通过构建大学生创业信息平台，为高校毕业生提供必要的创业信息与咨询服务。

这些信息服务包括创业知识学习、创业项目和创业的政策、技术、供需信息支持，以及创业管理信息，创业信息的交流等（表 7–4）。

表 7-4　高校毕业生自主创业政策一览表

项目	政策内容
税收优惠	持“就业失业登记证”（注明“自主创业税收政策”或附着“高校毕业生自主创业证”）的高校毕业生在毕业年度内（指毕业所在自然年，即 1 月 1 日至 12 月 31 日）从事个体经营的，3 年内按每户每年 8 000 元为限额依次扣减其当年实际应缴纳的营业税、城市维护建设税、教育费附加和个人所得税。对月销售额 15 万元以下的小规模纳税人免征增值税，对小微企业和个体工商户按规定减免所得税。对创业投资企业、天使投资人投资于未上市的中小高新技术企业以及种子期、初创期科技型企业的投资额，按规定抵扣所得税应纳税所得额
小额担保贷款和贴息支持	落实创业担保贷款政策及贴息政策，将高校毕业生个人最高贷款额度提高至 20 万元，对 10 万元以下贷款、获得设区的市级以上荣誉的高校毕业生创业者免除反担保要求；对高校毕业生设立的符合条件的小微企业，最高贷款额度提高至 300 万元；降低贷款利率，简化贷款申报审核流程，提高贷款便利性，支持符合条件的高校毕业生创业就业。鼓励和引导金融机构加快产品和服务创新，为符合条件的大学生创业项目提供金融服务
免收有关行政事业性收费	毕业 2 年以内的普通高校毕业生从事个体经营（除国家限制的行业外）的，自其在工商部门首次注册登记之日起 3 年内，免收管理类、登记类和证照类等有关行政事业性收费
享受培训补贴	对高校毕业生在毕业年度内参加创业培训的，根据其获得创业培训合格证书或就业、创业情况，按规定给予培训补贴
免费创业服务	有创业意愿的高校毕业生，可免费获得公共就业和人才服务机构提供的创业指导服务，包括政策咨询、信息服务、项目开发、风险评估、开业指导、融资服务、跟踪扶持等“一条龙”创业服务
享受创业场地补贴	各地在充分发挥各类创业孵化基地作用的基础上，因地制宜建设一批大学生创业孵化基地，并给予相关政策扶持。对基地内大学生创业企业要提供培训和指导服务，落实扶持政策，努力提高创业成功率，延长企业存活期。其中，政府投资开发的孵化器等创业载体应安排 30% 左右的场地，免费提供给高校毕业生。非政府投资开发的孵化器等创业场地可对高校毕业生创业者给予租金补贴
创业风险求助	鼓励有条件的地方探索建立大学生创业风险救助机制，可采取创业风险补贴、商业险保费补助等方式对自主创业的大学生予以支持
社会保险政策	毕业后创业的大学生可按规定缴纳“五险一金”，减少大学生创业的后顾之忧
创业引导基金政策	国家出资设立创业投资引导基金、产业投资基金等，为新兴领域大学生创业项目提供资金支持

以江苏省为例。近年来，江苏省十分重视大学生创业，不仅推出了一系列有利于大学生创业的政策，为大学生创业创造了良好的社会环境，而且，针对大学生创业实践的不同阶段，切实从大学生创业者的需要出发，采取了不同的帮扶政策。

1.创业前期阶段

江苏省为高校在校大学生创业者，以及毕业5年内的大学毕业生提供了专门的创业培训。对在创业培训中取得优秀成绩的大学在校生或毕业生给予一定的创业培训补贴。此外针对在各级各类创业大赛中取得优异成绩的创业项目，还会给予高额资金补贴。同时，大力发展创业机构服务，为有志于创业的大学生进行创业政策咨询、创业项目评估，以及创业指导等服务。

2.创业初期阶段

针对大学生创业者在创业初期阶段的资金筹集难题，江苏省为大学生创业者提供了较高额度的创业担保借款。同时，针对合伙经营或创办企业等项目还会相应提升贷款的额度。此外，针对大学生创业者的不同创业项目，江苏省还会为大学生创业者提供不同额度的贴息贷款帮扶政策。

3.创业中期阶段

针对成功创业，且已经实现盈利的在校大学生创业者，以及毕业5年内的大学生创业者，为了增加创业成果，江苏省还对大学生创业者提供一次性创业补贴、创业带动就业补贴、创业基地运营经费补贴，以及创业场地租赁补贴等。多样化的创业补贴切实为创业成功的企业继续巩固创业成果创造了优良的条件。

4.创业后期阶段

针对已经实现盈利，并且月盈利额度和年纳税额度在一定规模内的小微型大学生创业企业，江苏省主要通过减免税费的政策对小微型创业企业进行有效扶持。

从江苏省对不同阶段大学生创业政策来看，针对不同阶段大学生创业者面临的实际困难，江苏省采取了不同的创业扶持政策，有效地为高校毕业生自主创业者在内的大学生创业者创造了良好的创业环境。

第三节　社会公共服务体系的构建与完善

国家统计局发布的数据显示，截至 2021 年底，中国灵活就业人员已经达到 2 亿人，其中包括大量高校毕业生灵活就业者。高校毕业生灵活就业人员已然成为高校毕业生就业的重要途径之一，在高校、政府为灵活就业的大学生构建完善的生态支持体系之外，还需要社会金融机构、保险机构、人力资源服务机构、行业协会、社团组织等经营性组织机构为高校毕业生灵活就业人员构建完善的社会公共服务体系，以适应数字经济时代高校毕业生灵活就业者的发展趋势。

一、社会保险服务体系

根据我国现行法律体系，劳动法、劳动合同法、社会保险法、就业促进法等构建了劳动者权益的保护体系。数字经济时代，灵活就业群体日益壮大，其社会保障缺位的问题逐渐显现。其中，灵活就业者的社会保险缺位现象亟待解决。

近年来，针对互联网劳动平台的经营特点，我国政府积极从各方面引导企业，督促企业肩负起相应的社会责任，有效、合理落实新就业劳动群体的社会保险权益。

广东、北京等一些地方政府开始探索完善灵活就业者社会保险的新路径。例如，2021 年，广东省《关于单位从业的超过法定退休年龄劳动者等特定人员参加工伤保险的办法（试行）》（简称《办法》）开始实施，包括超过法定退休年龄的劳动者、网约工、家政服务机构劳动者、实习生、见习人员等八类特定人员纳入工伤保险范畴。此外，北京市通过开展平台灵活就业人员职业伤害保障试点。这些措施均推动了我国灵活就业社会保险服务的发展。

灵活就业社会保险服务关系着 2 亿多名灵活就业者的职业生存与发展，构建灵活就业者的社会保险服务体系，除了政府的引导之外，还需要企业和社会营利性保险服务机构的参与。

数字经济时代，灵活就业社会保险权益缺位的原因，一方面，受数字经济时代下平台企业低人力成本运营方式的影响；另一方面，与我国现行劳动保障制度有关。我国“十四五”规划提出，要健全多层次社会保障体系，放宽灵活就业人员的参保条件，实现社会保险法定人群全覆盖。

现阶段，在我国政府的督促下，数字服务平台企业针对新就业劳动者保险覆盖率低，参保种类较少，参保受限较多的现状，积极寻求与社会商业保险企业合作，为互联网劳动平台就业者提供可替代的商业保险，以保障灵活就业劳动者的保险权益。

例如，某网约车平台与中国人民保险推出的网约车司机养老保险、某外卖平台与社会商业保险公司推出的骑手保险等。

高校毕业生灵活就业者属于社会灵活就业群体的组成部分，高校毕业生灵活就业社会保险服务体系，需要政府、企业、社会商业保险公司的共同参与。

二、社会金融服务体系

创业资金是高校毕业生进行自主创业的必要条件，根据高校毕业生自主创业者的调查，创业资金是自主创业大学生创业路上的“拦路虎”之一。

（一）高校毕业生自主创业融资渠道分析

高校毕业生自主创业的资金来源主要包括七种途径，这七种途径各自均有一定的优势和不足。

1. 家庭内部融资

家庭内部融资主要依靠创业者的个人存款、父母亲属的资助，朋友借贷等。一般没有借贷利息，然而家庭融资有限，且多集中于创业初期的融资，无法完全解决创业过程中的资金缺口。

2. 政府贷款担保、创业基金

自主创业毕业生可以申请相应的贷款担保，以及地方政府设立的创业基金，如果能够申请则资金足以支持初创企业发展，创业基金属于风险投资的一种，规模较小、效率相对较低，监督机制和系统评估体系尚不健全，资金申请较为困难。

3. 社会金融机构的贷款和融资

银行等社会金融机构的贷款和融资是自主创业毕业生获得创业资金支持的主要渠道，主要融资方式包括信用贷款、抵押贷款、担保贷款、贴现贷款等。大多为小额贷款，不足以筹集足够创业过程中所需资金，而经营性贷款申请门槛较高，利率也相对较高。

4. 民间借贷

民间借贷融资利益较高，需要抵押物，是自主创业毕业生较易融资的手段之一。

5. 社会风险投资

社会风险投资是自主创业毕业生融资渠道之一，其优点是资金供应足，缺点是风险投资机构的投资较为谨慎，投资领域较为狭窄，申请较为困难。

6. 天使投资人

天使投资人通常自己就是企业家，可以在经营上为创业者提供切实的指导和帮助。此外，天使投资人通常没有风投的明确退出时间和回报预期。然而，天使投资人通常是个体资本且并不好找，较少能够成为正式融资的主要投资者，需要引入其他投资者进行补充。

7. 股权众筹

近年来，股权众筹成为自主创业毕业生融资的新选择，通过股权众筹可以募集数以百计的、小规模、非专业的投资者的资金，且与传统投资相比，参与股权众筹的投资者的门槛更低。然而股权众筹面临着较高的法律风险。

（二）构建适应高校毕业生自主创业的金融体系

笔者对浙江省多所大学的创业数据进行了统计，其中，多所大学的自主创业者的原始创业资金来源于家庭、亲戚好友资助，创业资金也是自主创业大学生面临的主要困难之一（表 7–5）。

表 7–5　浙江省部分高校自主创业资金及困难统计一览表

学校	自主创业资金来源	自主创业主要困难
杭州师范大学	自主创业资金来源以家庭、亲戚好友资助为主，占 57.14%；第二位是通过大学期间的勤工助学与兼职所得占 50%；第三位是申请自主创业贷款和工作后的收入，均占 21.43%；第四位是需求自主创业基金或社会风险投资占 7.14%	导致大学生自主创业失败的主要原因，从调查数据上看，“缺乏自主创业经验和人脉”为主要原因，占比 41.61%，其次是“缺乏自主创业资金”占比 27.46%，“缺乏相关的知识和技能”占比 20.67%，“缺乏良好的自主创业环境”占比 3.54%，较少人将自主创业困难归咎于心理素质（2.69%）、体能素质（0.21%）和其他（3.82%）

续表

学校	自主创业资金来源	自主创业主要困难
浙江财经大学	本科毕业生希望学校加强自主创业相关服务为“提供资金与平台”（50.00%），其次为“自主创业项目孵化（如自主创业基地、孵化园等）”（37.50%）和“自主创业实训与模拟（如仿真实训、沙盘）”（37.50%）	资金问题、家庭不支持、缺乏指导、市场推广、场地问题、团队问题、其他
浙江艺术职业学院	—	资金筹备、产品或服务的开发、办公场所及设备等软硬件环境的准备、自主创业团队组建、自主创业项目选取、企业创办相关审批手续
浙江机电职业技术学院	自主创业资金源自父母亲朋的支持（占比65.31%），32.65%的自主创业人员是靠个人赚取的	34.69%的自主创业人员觉得在自主创业过程中遇到的主要困难是其他原因；30.61%认为是产品、服务的营销推广；也有12.24%的人员认为是自主创业团队组建；10.2%认为是办公场所、设备等软硬件环境的准备；8.16%的人认为是资金筹备

从表7-5中可以看出，现阶段，社会上供高校毕业生自主创业者选择的融资渠道虽然较多，然而，大多数高校毕业生能够获得的创业启动资金仍然较多地依赖家庭内部融资，其他渠道的融资金额普遍不高，创业资金来源较为单一。对此，社会金融机构可从以下几个方面着手，建立起适合数字经济时代高校自主创业的金融生态体系。

1. 设立专项创业基金

现阶段，我国各项财政支持政策所针对的对象均为全体创业者或青年创业者，而缺少单独针对某一行业的创业财政支持。对此，国家有关部门或金融机构可设立创业种子基金、创业培训补贴、无息贷款或贴息贷款等融资方式，为高校毕业生创业者提供专项创业资金。

例如，针对到西部地区进行自主创业的高校毕业生，设立“西部创业专项基金”；针对到农村进行自主创业的高校毕业生，设立“农村创业专项基金”，社会金融或投资机构可对具体的创业项目进行评估，选择其中技术含量高，创新性强的高新技术项目、专利项目等给予基金拨款，鼓励高校毕业生进行专项创业。

2. 优化金融服务

针对金融服务中存在的抵押物限制、担保贷款机制门槛高，不够灵活等方面，金融机构可在国家财政政策支持的条件下，适当放宽抵押物范围，降低担保贷款机制门槛，简化贷款申请手续，提高小额贷款的额度，降低贷款利益，制定更加灵活的金融贷款政策，以满足高校毕业生自主创业者的需求。

3. 创新金融产品

数字经济时代，高校毕业生的创业领域较为广阔，传统的金融贷款产品无法满足高校毕业生自主创业者在创业过程中的贷款需求。对此，金融机构应从三个方面着手创新金融产品。

（1）对传统金融产品进行升级。

（2）挖掘市场潜在需求，推出适合自主创业大学生的新型金融产品。通过丰富担保手段、丰富专项信贷增信方式等不断为推出适合高校自主创业毕业生的金融产品，优化营商环境，构建良好的金融生态环境。

（3）结合高校毕业生创业领域或地区提供金融服务。例如，为返乡大学生提供特殊金融产品与服务，有效地解决返乡创业毕业生融资难的问题等。

4. 拓展融资渠道

将社会投资机构与高校创业大赛或全国创业大赛结合起来，对在各项创业大赛中脱颖而出的高校毕业生自主创业者进行有针对性地援助与支持，构建适合中国国情的高校毕业生自主创业融资体系。

三、人力资源服务体系

数字经济时代，高校毕业生的择业渠道呈现出多样化的趋势，在这些渠道中，学校开设的招聘会、双选会，以及校园网站上发布的就业信息是高校毕业生的主要信息来源。除此之外，社会人力资源机构组织开展的招聘会、招聘网站，以及企业网站、他人介绍等也是高校毕业生获得就业信息的主要渠道。

由此可见，社会人力资源服务机构在高校毕业生就业中起着重要的作用。近年来，随着数字经济时代高校毕业生灵活就业从业规模越来越大，我国政府有关部门开始加强针对高校毕业生灵活就业者的人才资源服务，除倡导各地方行政机构建立健全高校毕业生灵活就业人力资源市场供求信息系统之外，还号召经营性人力资源服务机构参与到高校毕业生灵活就业人力资源服务体系中 。

例如，2021 年 5 月，北京市人民政府发布了《北京市促进人力资源市场发展办法》，其中指出：鼓励人力资源服务机构针对共享用工等灵活就业新形式创新服务模式，精准、高效匹配人力资源；为灵活就业人员提供规范有序的求职招聘、技能培训、人力资源外包等专业化服务。这些服务包括：人力资源测评、招聘流程管理、人力资源培训、人力资源管理咨询、绩效评估、薪酬福利管理、劳动关系管理，以及其他专业化人力资源服务。

又如，2021 年 11 月，山东省人民政府印发的《山东省人力资源服务业发展“十四五”规划》中指出：鼓励人力资源服务机构创新服务模式，规范有序地为灵活就业人员提供求职招聘、技能培训等专业化、精细化服务，支持劳动者多渠道灵活就业。其中，针对灵活就业人员的技能培训应采取政府补贴培训、企业自主培训、市场化培训等多样化的培训方式，广泛开展订单式、套餐制培训。推行“互联网 + 培训”，通过智慧课堂、线上线下相结合等模式开展碎片化、灵活性、实时性培训。大力推广“职业培训包”。

从以上北京与山东地方政府出台的相关政策来看，未来，社会经营性人力资源机构将深度参与我国灵活就业人力资源服务市场，为包括高校毕业生灵活就业者提供全方位的人力资源服务，与高校毕业生就业指导服务、政府部门的人力资源公共服务一起，共同构建高校毕业生灵活就业人力资源生态服务体系。

参考文献

［1］ 人力资源和社会保障部劳动科学研究所 . 中国劳动科学研究报告集 2000—2001 年度 [M]. 北京：中国劳动社会保障出版社，2002.

［2］ 中共中央，马克思，恩格斯，等 . 马克思恩格斯文集 第五卷 [M]. 编译局，编译 . 北京：人民出版社，2009.

［3］ 常凯．劳权论：当代中国劳动关系的法律调整研究 [M]．北京：中国劳动社会保障出版社，2004.

［4］ 杨艳琳，娄飞鹏 . 中国经济发展中的就业问题 [M]. 济南：山东人民出版社，2010.

［5］ 关凤利 . 经济全球化对就业影响的理论与经验研究 [M]. 长春：吉林人民出版社，2012.

［6］ 周德禄 . 人力资本配置效益研究 [M]. 济南：山东人民出版社，2012.

［7］ 国务院 . 国务院关于进一步做好新形势下就业创业工作的意见 [M]. 北京：人民出版社，2015.

［8］ 谭艳芳，牛荣健 . 新形势下高职生职业生涯规划与就业指导 [M]. 成都：西南交通大学出版社，2015.

［9］ 芮国星 . 信息时代高校创业教育体系研究 [M]. 西安：陕西师范大学出版社，2016.

［10］ 本书编写组 . 十九大报告关键词 [M]. 北京：党建读物出版社，2017.

［11］ 朱楠，王硕鹏 . 基于“互联网 + 大数据”的高校就业信息化建设 [M]. 长春：吉林人民出版社，2018.

［12］ 潘斌 . 高校创新创业人才培养模式研究 [M]. 北京：世界图书出版公司，2018.

［13］ 王圣元，陈万明，赵彤 . 零工经济：新经济时代的灵活就业生态系统 [M]. 南京：东南大学出版社，2018.

［14］ 谭跃湘 . 现代微观劳动价值论 [M]. 长春：吉林文史出版社，2018.

［15］ 李国辉 . 高校跨学科复合型创新创业人才培养模式研究 [M]. 长春：吉林文

史出版社，2019.
[16] 王凌菲 . 当代大学生就业、择业新形势研究：以体育类专业为例 [M]. 北京：北京工业大学出版社，2019.
[17] 邱婕 . 灵活就业：数字经济浪潮下的人与社会 [M]. 北京：工人出版社，2020.
[18] 张成刚 . 就业变革：数字商业与中国新就业形态 [M]. 北京：中国工人出版社，2020.
[19] 王可，傅萍婷，王坤 . 经济新常态下经济结构战略调整的就业效应研究 [M]. 北京：中国社会出版社，2020.
[20] 李明桦，檀林 . 数字游民时代：零工经济下“斜杠青年”零成本创业的新常态 [M]. 北京：中国经济出版社，2022.
[21] 李向荣 . 供给侧结构性改革背景下的大学生就业、创业研究 [M]. 北京：中国商务出版社，2019.
[22] 汪睿 . 高校拔尖创新人才培养模式研究 [M]. 武汉：武汉大学出版社，2021.
[23] 彭泽春 . 高校创新型人才培养模式研究与实践 [M]. 长春：吉林文史出版社，2021.
[24] 范钧，顾春梅，楼天阳 . 数字时代的新营销人才培养模式与教学改革实践 [M]. 杭州：浙江工商大学出版社，2021.
[25] 徐晋，张祥建 . 平台经济学初探 [J]. 中国工业经济 .2006（5），40–47.
[26] 唐东波 . 全球化对中国就业结构的影响 [J]. 世界经济，2011，34（9）：95–117.
[27] 万建辉 . 知识经济时代的就业问题探讨 [J]. 职业，2015（22）：98–99.
[28] 张成刚 . 就业发展的未来趋势，新就业形态的概念及影响分析 [J]. 中国人力资源开发，2016（19）：86–91.
[29] 中国就业促进会 . 新就业形态 [J]. 中国就业，2017（11）：26–27.
[30] 张雅茹 . 劳动者休息权保障如何规范 [J]. 法制博览，2017（3）：84–86.
[31] 谭中和. 非正规就业人员基本医疗保险应保尽保问题的几点思考 [J]. 中国医疗保险，2018（1）：9–13.
[32] 朱婉芬 . 新就业形态下灵活就业人员研究综述 [J]. 工会理论研究（上海工会管理职业学院学报），2019（4）：30–38.
[33] 陈建伟，赖德胜 . 疫情冲击下大学生就业形势变化与对策 [J]. 中国大学生

就业，2020（11）：34–37.

[34] 陈改改 . 数字经济时代浙江省信息经济产业对大学生就业的影响分析 [J]. 边疆经济与文化，2020（4）：28–29.

[35] 陈月 . 新时代大学生创新创业能力提升路径研究：以数字经济环境为背景 [J]. 投资与创业，2021，32（18）：18–20.

[36] 杨燕 . 课堂教学视角下“专创融合”教学设计研究 [J]. 职教论坛，2021，37（12）：52–59.

[37] 彭华涛，朱滔 .“双一流”建设背景下专创深度融合模式及路径研究 [J]. 高等工程教育研究，2021（1）：169–175.

[38] 王慧敏，张庆庆，翟秋亚 . 地方高校人才培养模式的改革研究 [J]. 黑龙江教师发展学院学报，2021（4）：1–3.

[39] 陈群 . 新时代行业特色高校人才培养模式的创新研究 [J]. 常州大学学报（社会科学版），2021（6）：20–28.

[40] 张盈华 . 灵活就业人员社会保险的国际经验 [J]. 中国社会保障，2022（4）：38–39.

[41] 王雨露，闫雪，王乐乐 . 数字经济浪潮下大学生灵活就业分析及对策研究 [J]. 中国储运，2022（6）：158–159.

[42] 韩虎，马焕芳，陈佩江 . 多维度 · 协同化 · 立体式：新工科视角下地方高校制造业应用型人才培养模式变革 [J]. 山东教育，2022（C4）：72–75.

[43] 王传荣 . 经济全球化进程中的就业研究 [D]. 成都：西南财经大学，2005.

[44] 王文姣 . 我国大学生在灵活就业状态下的社会保险问题研究 [D]. 北京：北京交通大学，2009.

[45] 寇军 . 大学生灵活就业中的政府行为研究 [D]. 重庆：重庆大学，2010.

[46] 刘喆 . 大学生灵活就业与社会支持体系研究 [D]. 武汉：武汉大学，2011.

[47] 孙海丽 . 高校毕业生弹性就业问题研究 [D]. 保定：河北大学，2011.

[48] 徐自强 . 我国高校毕业生就业政策变迁研究 [D]. 南京：南京农业大学，2013.

[49] 姚露萍 . 面向企业需求的高职院校就业指导体系改进研究 [D]. 杭州：浙江工业大学，2015.

[50] 高权 . 大学生非正规就业的障碍性因素及对策研究 [D]. 南京：南京信息工程大学，2016.

[51] 李曼 . 高校毕业生灵活就业问题与对策研究 [D]. 长春：长春工业大学，

2018.

[52] 李馥伊．中国制造业及其在数字经济时代的治理与升级 [D]. 北京：对外经济贸易大学，2018.

[53] 阮芳，蔡菁容，张奕蕙，等．迈向 2035：4 亿数字经济就业的未来 [R]. 上海：波士顿咨询公司，2017.

[54] 魏巍．非典型雇佣关系的影响因素及优化研究 [D]. 北京：首都经济贸易大学，2018.

[55] 王艺．互联网经济背景下灵活就业劳动者的就业偏好研究 [D]. 北京：首都经济贸易大学，2018.

[56] 王松．新科技革命下我国新就业形态研究 [D]. 南京：南京财经大学，2018.

[57] 袁晔．新业态背景下灵活就业人员社会养老保险参保现状、影响因素与对策建议 [D]. 西安：西北大学，2019.

[58] 刘发．新就业形态下劳动力就业质量影响因素及对策研究 [D]. 济南：济南大学，2020.

[59] 张铭哲．新就业形态下我国基本养老保险制度适应性研究 [D]. 杭州：浙江工业大学，2020.

[60] 王艳．灵活就业人员工伤保险法律问题研究 [D]. 兰州：西北师范大学，2020.

[61] 张钰．新就业形态下社会保险政策研究 [D]. 上海：上海工程技术大学，2020.

[62] 陆雯利．新就业形态下大学毕业生的就业安全感构成及提升 [D]. 徐州：中国矿业大学，2021.

[63] 魏珊．新就业形态下高校毕业生就业能力现状与提升对策 [D]. 徐州：中国矿业大学，2021.